中外巨人传

朱 熹

赵志强 著

辽海出版社

图书在版编目（CIP）数据

朱熹 / 赵志强 著．—沈阳：辽海出版社，2011.12
（中外巨人传）
ISBN 978-7-5451-1173-6

Ⅰ．①朱…　Ⅱ．①赵…　Ⅲ．①朱熹（1130～1200）—传记
Ⅳ．①B244.7

中国版本图书馆 CIP 数据核字（2011）第 241649 号

责任编辑：柳海松
责任校对：顾　季
装帧设计：马寄萍

出 版 者：辽海出版社
　　地　　址：沈阳市和平区十一纬路 25 号
　　邮　　编：110003
　　电　　话：024-23284473
　　E-mail:dyh550912@163.com
印 刷 者：天津海德伟业印务有限公司
发 行 者：辽海出版社

幅面尺寸：165mm×230mm
印　　张：12.5
字　　数：140 千字

出版时间：2012 年 5 月第 1 版
印刷时间：2019 年 1 月第 4 次印刷
定　　价：29.80 元

◦目 录◦

前 言

朱熹是宋代理学家。宋高宗绍兴十八年 (1148)，登进士第。二十一年 (1151)，铨试及格，授左迪功郎、泉州同安县主簿。任满归乡，被差监潭州南岳庙，拜李侗为师，一再辞去官职，专心著书讲学。宋孝宗淳熙间 (1174～1189)，历任知江西南康军、提举江西常平茶盐公事、提举浙东常平茶盐公事等。宋光宗时,历任知漳州、秘阁修撰、知潭州兼湖南安抚使。宋宁宗初，升焕章阁待制兼侍讲。庆元二年 (1196)，被弹劾,落职罢祠。庆元六年，病死。嘉定元年 (1208) 谥"文"。朱熹最初积极主张北伐抗金，后来变为"合战、守之计以为一"，最后成为坚定的主守派。做地方官时，在福建、浙东实行社仓法,在漳州推行经界法,企图补救时弊。

朱熹早年研习儒家经典，以及佛教禅学、道经、文学、兵法等，无所不学。追随李侗后，成为二程（即程颢、程颐）的四传弟子，专攻义理之学。同时，又汲取周敦颐、张载等人以及禅学的部分学说。在宋孝宗赵眘时，集北宋以来各派理学的大成，逐步建立起完整而系统的理学体系。

朱熹的理学主要包括哲学义理和伦理道德学说。朱熹以"理"

作为自己哲学体系的基本范畴,明确阐述"理"与"气"的关系,认为"理"产生于天地万物之先,即"理"先于"气","气"依"理"而存在。万物有万理,万理的总和就是"太极",太极即"天理"。跟天理对立的是"人欲"。"圣人之教"是要人们"存天理,灭人欲"。人的天性本来都是善的,只因各人禀受的"气"有所差别,所以气质的性有善恶、贤愚的不同。由此提出了"格物致知"、"正心诚意"、"居敬"等一系列理论。朱熹还把传统的纲常学说加以理论化和通俗化,把三纲五常当做当时社会的最高道德标准,认为纲常伦理是永远存在、"不可磨灭"的。

朱熹知识渊博,著述丰富,涉及各个领域,主要有《四书章句集注》《楚辞集注》《诗集传》《资治通鉴纲目》《宋名臣言行录》,以及由门人编纂而成的《朱子语类》《朱文公文集》等。

朱熹生前在政治上并未取得较高的权位,但在社会上讲学授徒、著书立说,影响广泛。死后,其学说和著作得到宋理宗赵昀的推崇。从此,朱熹的学说成为理学的正统,理学成为官方哲学,朱熹也被后代统治阶级尊为"大贤",其学说对后世有巨大而深远的影响。

家世寻踪

朱熹出生于福建南剑州（府治在今南平）的尤溪，后定居在福建建宁府（府治在今建瓯）建阳县的考亭，因此被称为建人或考亭人。

据文献记载，朱熹自称吴、丹阳人，考察朱熹所谓"吴"，系指后汉、三国时的吴郡（治所在今江苏苏州），辖境最南至今浙江钱塘江两岸、建德、新昌一带，三国时的吴后来逐渐缩小，今安徽最南部的徽州（歙县）非朱熹所指吴郡辖地。朱熹所谓"丹阳"，系指今安徽当涂境内东南之小丹阳镇，古属丹阳郡，非今江苏之丹阳县，不能和吴郡笼统地等同。

1. 由鲁至闽的变迁

朱熹的始祖原住今山东，其后裔在今山东、江苏、安徽交界处盘旋而居，然后徙入江南，至朱熹那一代时定居福建。

（1）始祖居邾国

朱熹的始祖邾子居住在邾国，邾国后为邹县，近通熹。因此，朱熹也曾自称邹诉。朱熹的始祖邾子在先秦时居住在今山东南部。邾或鲁国，其址大概在今山东曲阜、邹县和今江苏徐州一带。

（2）自邾至沛。邾国灭亡后，朱熹的祖先迁徙到沛国居住。

（3）后汉返青州。

（4）过江居吴郡。在后汉灵帝时，朱熹远祖洪基由青州过江南迁吴郡。

（5）过江居丹阳。青州朱氏南迁过江之另一支，从朱寓子孙始。

今人有把"丹阳朱熹"之丹阳。误为今江苏镇江附近之丹阳县，从而误为"丹阳即吴郡"。此丹阳应为今安徽当涂县境内东南之小丹阳镇。古丹阳郡辖地为偏僻山区，当郡治撤置后其地败落，当时丹阳城今为小村镇，较详细之地图才标之。古时避祸非敢在郡城。此时的郡城和县城为一，朱氏起初居住在丹阳县境内之偏僻山区，后来又仕宦才迁至城里。

（6）由丹阳至吴。关于朱氏三国时仕吴之记载，应是指吴兴郡或泛指吴国之地。

（7）南徙平陵。据记载，春秋时朱熹的远祖朱茅曾居平陵，此说无可考，或指上述青州之平陵。

（8）再南徙徽州。在唐朝末年，朱氏再往南迁。

北宋徽宗宣和三年（1121）改歙州为徽州；又因其地有新安江，晋隋间置新安郡。歙州或徽州与新安曾为同地区而异名，即今安徽歙县、浙江淳安、江西婺源等新安江以西一带。

歙县城南有紫阳山，朱熹的父亲朱松常在其上读书。朱熹念念不忘此山。

（9）朱氏入闽。北宋末年，朱熹的父亲朱松定居福建建宁府（府治今在建瓯），遂为建人。

朱松生前在福建主要居住在建州之治所建瓯，从未定居过建州之建阳。有的学者谓朱松主管祠庙后"便住在南剑州的邻邑建阳家里",是不确切的,应是"建瓯家里"之误,应予以更正。

朱熹正式迁居建阳是光宗绍熙三年(1192),其年六十三岁,而决定安家于建阳考亭,是其父朱松在世之时。其早年虽居崇安五夫里,但其填报籍贯却是建阳考亭。……三桂里即考亭。朱熹从光宗绍熙三年(1192)移居考亭,至宁宗庆元六年(1200)卒,在考亭共住九年。这里,一方面是朱熹的父亲朱松生前决定在福建落户的地方,另一方面是朱熹思想成熟和完成的时期,因此"世以考亭称文公",谓"朱考亭",称朱子学为考亭学派。

2. 从无到有的田产

朱熹远祖历代多为仕宦之家,大都置有较多的田产。至其祖父朱森以上"三世皆不仕"(《朱文公文集》卷94《皇考左承议郎守尚书吏部员外郎兼史馆校勘朱府君迁墓记》),其家开始降为中层地主阶级。

朱熹的父亲朱松,入闽至卒的十余年间,正值宋金两朝斗争最激烈之时,北宋灭亡,南宋初建,民族和阶级矛盾极其尖锐复杂,社会极不安定。特别是,朱松是激进的抗金派,遭到以秦桧为首的投降派的排挤,致使由县尉改任镇监税,为当时官僚们所瞧不起的小吏,以至奉祠闲居,住无定所,俸禄甚微,"厄夯卑辱"(《书斋集》卷10《清轩记》),加上社会极不安定,因此朱松在福建不可能置有固定田产。

由此可见,朱松在福建未置田产。他做官时,住于官邸,闲居时,先后寄居于福建尤溪、建瓯的朋友郑安道等人的家里。

正因为朱松在福建未置田产,他自己死时亦无葬身之地,和其父朱森一样开始寄葬于公共的墓田里。

到了朱熹中年，朱熹才把朱松之墓迁至崇安县寂历山中峰僧寺之北。是寺遗址现存。此地墓田亦非朱熹所购置，是其岳父刘致中赠与的。

刘致中死于高宗绍兴十九年（1149）九月，朱熹时年二十岁。其地是刘致中的后人思温赠给朱熹的，时间当在朱熹中年，也许就是在朱熹把朱松墓迁至此地之前不久。刘致中为当时崇安一巨富豪。据朱熹所记，刘致中的曾祖父官至尚书郎，祖父为朝请郎，父亲不仕。刘致中的"妇家富而无子，谋尽以资产归女氏"（《朱文公文集》卷90《聘士剂公先生墓表》）。刘致中有"巨万之财"（南宋叶绍翁《四朝见闻录》卷四丁集《庆元党》），刘致中家中是极富饶的。

朱松临死时托孤于福建崇安的大官僚刘子羽，朱熹及其母亲等在崇安五夫里的住宅是向刘氏借用的。朱熹曾慨叹"五夫所居，眼界殊忍，不敢复归"（《朱文公文集·续集》卷7《与陈同父》），说明其寄人篱下之情。朱家在五夫里生活期间，主要依靠刘屏山借给的二百亩地为生。

朱熹在四、五十岁的中年时代，数迁其居，建宅几处。孝宗乾道六年（1170），朱熹葬母于建阳县崇泰里后山天湖之阳，名曰寒泉坞，于此地建寒泉精合，或曰云谷晦庵。十三年后，即孝宗淳熙十年（1183），朱熹又于崇安南之武夷山建武夷精舍。朱熹这些住宅，美其名曰精舍、晦庵，其实极为简陋，如武夷精舍开始时仅地数亩、屋三间（参见明戴铣《朱子实纪》卷7《书院·武夷书院》）；寒泉精舍是"作草堂，其间牓曰晦菴……得草堂三间，所谓晦菴也"（《朱文公文集》卷78《云谷记》）。而且，这些住宅都是教学所需，多得友徒之助而购之。如云谷寒泉精舍之宅地，原为施氏所有，朱熹谓"乾道庚寅（按即乾道六年，1170）予始得之"（《朱文公文集》卷78《云谷记》），其营葺始终得到门人蔡季通的资助。

朱熹在六十二岁以后，遵父遗言，定居在建阳考亭。此时，朱熹官位已高，有较多俸余。但是，其因经济不足，考亭住宅亦是逐渐买得和兴建的。

宦海浮沉

朱熹，字元晦，后改为中晦，号晦庵，六十岁后称晦翁，晚号遯翁，又号云谷老人。祖籍婺源（古属安徽徽州，今属江西婺源县）松岩里。出生在福建南剑（今福建南平）尤溪县城外毓秀峰下郑氏馆舍，生于南宋高宗建炎四年（1130），卒于南宋宁宗庆元六年（1200）。其间，也经历了一段坎坷不平的宦海生涯。

1. 从政七年

朱熹从政的时间，一般都按朱熹门人黄干在《朱子行状》中的"仕于外者仅九考"（《黄勉斋先生文集》卷8）的说法。有人又谓朱熹从政十四年。其实朱熹从政整整七年。

朱熹首次从政是任福建泉州同安县主簿。主簿之职，在南宋时是"掌出纳官物，销注薄书"（《宋史》卷167《职官》7《主簿》），就是协助县令管理簿书、赋税、教育等事务的官吏。从朱熹关于任此职的一段话，亦可知主簿之性质。他说：

"主簿就职内，大有事。县中许多簿书皆当管。某向为同安簿，许多赋税出入之簿，逐日点对签押，以免吏人作弊。"（《朱子语类》卷106第一条《主簿》）

绍兴十七年（1147）秋，朱熹十八岁，举建州乡贡，次年春考中进士。绍兴二十一年（1151）春，朱熹二十二岁，铨试中第，授左迪功郎，被任命为泉州同安县主簿。朱熹对工作很认真，经常查对赋税出入簿册。每到收税时，先期贴出榜文，限期完纳，过期不交即严厉处罚。对于朱熹任主簿的情况，方志有概括的记载：

"推官以教育为先。务革弊兴利，缓急有序。事无大小，必亲裁决。赋税簿籍逐日点对，以妨官吏弊利。于民者，虽劳不惮。民欲为僧尼者禁之。选秀民充弟子员，一时学者众……其所著政绩之详，具载于《大同集》。"（清乾隆《泉州府志》卷29《名宦·朱熹》）

朱熹在同安创办县学，他经常和县学的生员们讲说"修己治人之道"（《朱文公文集》卷76《大学章句序》），把个人的道德修养和统治人民的方法放在教学的首位。

朱熹到同安任主簿之职的时间，他自己有明确的记载。他说：

"绍兴二十三年秋七月，予来同安。"（《朱文公文集》卷77《一经堂记》）

这年是1153年，朱熹二十四岁。朱熹离任同安主簿之职的时间，他自己亦有明确的记载。他说：

"绍兴二十六年之秋，予吏同安适三年矣。吏部所使代予者不至，而廨署日以隳敝不可居，方以因葺之宜为请于县。会予奉檄走旁郡，因得并载其老幼，身送之东归。涉春而反，则门庑列合，已摧压而不可入矣。于是假县人陈氏之馆居焉。自县西北，折行数百步，入委巷中，垣屋庳下，无巨丽之观；然其中粗完洁，有堂可以接宾友，有室可以备栖息、诵书史，而佳花异卉、蔓药盆荷之属，又皆列莳于庭下，亦足以娱玩耳目，而自适其意焉。……绍兴二十七年夏六月十一日。"（《朱文公文集》卷77《畏垒菴记》）

由上可见，从绍兴二十三年（1153）七月，到绍兴二十六年（1156）七月，朱熹在同安任主簿之职整整三年。朱熹任满后，从七月至次年一月离开同安，"奉檄走旁郡，因得并载其老幼，身送之东归"，回到崇安；"涉春而反"回同安后，他已不视簿事，并且搬出县府，住在名医陈良杰家里，闭门与"友生之嗜学者"诵经史，终日悠然，娱花玩乐，等待接替者。

朱熹等到这年的"冬十月，代者卒不至，以四考满罢归"（明戴铣《朱子实纪》卷2《年谱》），最后离开同安。因此，说朱熹任同安县主簿四年，仅就其在同安的时间而言，实际上是不确切的。此外，从朱熹"官满，在郡中等批书，已遣行李，无文字看"（《朱子语类》卷104第一四条《看文字》）的记载，因"郡中等批书"时"已遣行李"，可知他官满后曾离开同安到郡城泉州等批书数月。朱熹到次年正月才回到崇安。

朱熹"归自同安，弥乐武，其于仕进泊如"（明戴铣《朱子实纪》卷2《年谱》），直至知江西南康军（治所在今星子）。其间二十三年，他"以养亲丐祠"（明戴铣《朱子实纪》卷2《年谱》）。朱熹在任有禄无事、住地听便的祠职期间，他主要是在崇安武夷山和五夫里"以奉亲讲学为急"（《黄勉斋先生文集》卷8《朱子行状》），进行教育和著述活动。他这期间的政治活动，主要有：高宗绍兴三十二年（1162）八月，朱熹应诏赴首都临安（今杭州）上封事，即所谓壬午封事，提出朝廷的当务之急是讲学、定计和任贤，朱熹在首都临安至这年的十月归崇安。孝宗隆兴元年（1163）十一月，朱熹又应诏至临安奏事垂拱殿，即所谓癸未奏劄，提出大学之道在于明理、国家之计需顺理而行，而明理必须举贤才和行致知格物之道。隆兴元年十二月，朱熹被任命为武学博士，是职为"以兵书、弓马、武艺诱诲学者"（《宋史》卷165《职官》五），他辞职不就，即请祠回至崇安。壬午封事和癸未奏劄很能反映朱熹三十多岁时的政治思想和哲学观点。

孝宗淳熙五年（1178），朱熹四十九岁，八月被朝廷任命为知江西南康军，"辞不允，令疾速之任"（明戴铣《朱子实纪》卷2《年谱》）。朱熹在淳熙六年（1179）一月二十五日离崇安，"行至信州（按今属江西）铅山俟命，寓止崇寿僧舍，陆子寿来访"（明戴铣《朱子实纪》卷3《年谱》）。"三月三十日到任"（《朱文公文集》卷85《南康军到任谢表》）。淳熙八年（1181）"三月二十五日，准尚书省劄子奉圣旨，除臣提举江南西路常平茶盐公事"（《朱文公文集》卷16《缴纳南康任满合奏禀事件状》），即离任东归，知南康军整整两年。这是朱熹第二次从政。

朱熹在南康任内，主要是办荒政和复建白鹿洞书院，兴学授徒等。

由此可见，朱熹在知南康军的两年中，充分表现出了他的行政才干，也可以从他的施政和讲学的主旨中看出其哲学思想。

淳熙八年（1181）闰三月二十七日，朱熹离开南康军，但未就任所职提举江南西路常平茶盐公事，却回到崇安家里。他回家的思想和在路上的情况，自己有详细的记载。

可见，朱熹未任提举江南西路常平茶盐公事。因朱熹在南康救荒有方，宰相王淮推荐他提举浙东常平茶盐公事。"时浙东荐饥，上轸宸虑，遂拜命不敢辞，即日单车上道"（明戴铣《朱子实纪》卷3《年谱》)。朱熹于这年的八月中旬从武夷山一径赴任。但是，还未走到任所，到了十一月，朱熹即到临安（今杭州）奏事延和殿，共七劄，是谓辛丑奏劄。对此，《宋史纪事本末》卷78《孝宗朝廷议》有所记载。

到了这年的十二月六日，朱熹才到浙东任职。

朱熹因在浙东奏劾前知台州唐仲友不法，为唐之姻亲宰相王淮等所嫉，到了次年九月十二日，朱熹即离任回家，他在浙东任职仅九个月。这是朱熹第三次从政。时为1182年，朱熹五十三岁。

朱熹从浙东回崇安后，"知道之难行"（明戴铣《朱子实纪》卷3《年谱》)，在家闲居五年。到了淳熙十五年（1188)，朱熹五十九岁，六月应召到临安（今杭州）入对，奏事延和殿，共五劄，是谓戊申奏劄。朱熹奏劄之后，即被任命为兵部郎官，但他以足疾辞。朱熹于八月回崇安后，十月又应召到临安，十一月上疏，是谓戊申封事。不久朱熹即归崇安。次年十一月，朱熹被任命为知漳州。

光宗绍熙元年（1190)，朱熹六十一岁，四月二十四日到漳州任职，次年三月复其秘阁修撰职，主管南京鸿庆宫，于四月二十九日离开漳州，在漳州任职整整一年。（参见《朱文公文集》卷8《漳州到任谢表》）这是朱熹第四次从政。

朱熹离开漳州即回闽北。他在《与留丞相书》第七书中说："熹区区贱迹，自四月二十六日解罢郡事，越三日遂发临漳，五月二十四日遂抵建阳。"（《朱文公文集》卷28》

时为1191年，朱熹六十二岁。朱熹原居崇安的五夫里和武夷山，这时他正式迁居建阳。

光宗绍熙二年（1191）九月，朱熹被朝廷任命为荆湖南路转运副使，次年十二月又被任命为知静江府广南西路经略安抚使，皆辞官不就。绍熙四年（1193）十二月，朱熹被任命为知谭州（今湖南长沙）兼荆湖南路安抚使。

对于潭州的任职，朱熹三辞不允，于绍熙五年（1194）五月五日到任（参见《朱文公文集》卷85《潭州到任谢表》）。这年的七月十一日，朱熹应召赴临安（今杭州），行且辞，十月至临安任焕章阁待制兼侍讲。这样，朱熹在潭州任职仅两个月。这是朱熹第五次从政。朱熹在潭州主要做了两件大事：一是处理少数民族农民起义，用镇压、安抚、存恤等办法把农民起义平息下去（参见《朱文公文集》卷14《甲寅行宫便殿奏劄》四）；二是复办岳麓书院，讲学授徒。朱熹认为，当时湖南社会不安定的原因，是"比年以来，师道凌夷，讲论废息，士气不振"（《朱文公文集》卷100《潭州委教授措置岳麓书院牒》）。因此，他想通过儒家思想的教育，来消除人民的不满情绪。

朱熹于光宗绍熙五年（1194）十月十一日就任焕章阁待制兼侍讲（见《朱文公文集》卷23《谢御笔以次对系御供职奏状》），讲《大学》。由于朱熹借向皇帝进讲的机会，多次进言干预朝政，如谓"左右或窃其柄"、"臣恐名为独断，而主威不免于下移，欲以求治而反不免于致乱"（《朱文公文集》卷14《经筵留身面陈四事劄子》）；是时太皇太后亲属韩侂胄执政，朱熹忤之。于是，引起宁宗皇帝和韩侂胄的不满，结果在这年的闰十月二十一日被皇帝解除待制兼侍讲职务。朱熹在《谢御笔与宫观奏状》中说：

"臣今月二十一日，伏准降到御笔赐臣，朕悯卿耆艾，方此隆冬，恐难立讲，已除卿宫观，可知悉。"（《朱文公文集》卷23，

又见该卷《乞放谢辞状》)

朱熹在临安任宁宗皇帝传讲兼待制总共四十日。这是朱熹第六次从政。朱熹在被解除职务的第三天，即闰十月二十三日辞谢。随之离开临安。十一月十三日，朱熹至玉山（今属江西）讲学于县庠；二十二日回到建阳（以上参见清王懋竑《朱子年谱》卷4上）。

宁宗庆元二年（1196），朱熹六十七岁，十二月以"伪学罪首"落职罢祠。（参见《朱文公文集》卷85《落职罢宫祠谢表》)）。至此，朱熹的政治生涯结束了。此后，用朱熹自己的话说是"履薄临深谅无几，且将余日付残篇'（《朱文公文集》卷9《南城吴氏社仓书楼为余写真如此因题其上庆元庚申二月八日沧州病叟朱熹仲晦父》)。

宁宗庆元四年（1198），朱熹六十九岁，十二月引年乞休，（参见《朱文公文集》卷23《申建宁府乞保明致仕状》)。

到了庆元六年（1200），朱熹七十一岁，十一月初九日病死于建阳考亭沧州，葬于建阳的唐石里（今黄坑）。

综上所述，朱熹任同安县主簿三年，知南康军二年，提举浙东常平茶盐公事九个月，知漳州一年，知潭州二个月，任焕章阁待制兼侍讲四十日，累计方逾七年。

朱熹一生从政时间屈指可数，且仕途坎坷，并没有做出惊世骇俗的政绩。

2. 奉祠二十一载

奉祠，就是管庙，原是为安置年老力衰或与朝廷意见不合的高级官僚的名义官职。

由于它官无职守，有禄无事，住地听便，一些有志于圣学的士大夫愿任此职，以便获得俸禄，支持生活，专事学术研究和讲学教育活动。

获得祠官，原定"宰相、执政充使"（《宋史》卷170《职官》10《宫观》），最低也得监司、郡守以上才有可能，而年龄一般在六十岁以上，每届任期二、三年。这些规定，在王安石熙宁变法后放宽了。朱熹说：

"自王介甫更新法，虑天下士大夫议论不合，欲一切弹击罢黜，又恐骇物伦，于是创为官观祠禄，以待新法议论之人。然亦难得，惟监司、郡守以上，眷礼优握者方得之；自郡守以下，则尽送部中与监当差遣。后来渐轻，今则又轻，皆可以得之矣。"（《朱于语类》卷128第四二条《本朝》）

因此，朱熹第一次获得祠官才二十九岁，仅是个县主簿。

祠官分为监、主管（或曰管勾）、提点、提举四级。有内外之观，"京祠以前宰相、见任使相充使，次充提举；余则为提点，为主管，皆随官之高下处以外祠"（《宋史》卷170《职官》10《宫观》）。内外祠之规定，王安石熙宁变法后也放宽了。

朱熹一生奉祠十二次，累积二十一年十个月。

（1）监潭州南岳庙。高宗绍兴二十八年（1158）十二月至绍兴三十二年（1162）五月，共三年五个月。

绍兴二十七年（1157）十月，朱熹离任同安簿职回到崇安。"归自同安，弥乐道，其于仕进泊如"（明戴铣《朱子实纪》卷2《年谱》），但"贫不能待次"（明戴铣《朱子实纪》卷2《年谱》），生活无法维持。

朱熹于离同安任的次年十一月请祠，十二月得之。前监是庙者为监察御史，改授二十九岁的主簿朱熹说明朝廷对其之重视。北宋五岳庙皆置祠官。东、西、北、中岳庙在北方，朱熹时皆在金朝统治区域之内，惟南岳庙在南宋。庙在湖南潭州（今长沙）衡山县西南之衡山。监南岳庙，为祠官中最低级者。

（2）再监南岳庙。高宗绍兴三十二年（1162）六月至孝宗隆兴元年（1163）十二月，共一年七个月。

绍兴三十二年，朱熹三十三岁。五月祠秩满，再请祠，六月十九日得再监潭州南岳庙。"六月孝宗即位，诏求直言"（明戴铣《朱子实纪》卷2《年谱》），朱熹于八月到临安应诏上封事，次年（即隆兴元年，1163）十一月十二日被朝廷任命为武学博士，仍回崇安。祠秩未满，罢祠。

这一职位需等待空缺后才能就任，所以谓"然阙尚远，恐不能待"。长期等待不能维持生活，朱熹辞武学博士，再请祠禄。

（3）复监南岳庙。孝宗乾道元年（1165）五月至乾道三年（1167）十二月，共二年七个月。

乾道元年，朱熹三十六岁，春，就武学博士，四月至临安。"既至，以时相方主和议，请监南岳庙以归"。（《黄勉斋先生文集》卷8《朱子行状》）

朱熹于五月得再监南岳庙。这年的十二月，朱熹被任命为枢密院编修，罢祠。朱熹在《申建宁府状》中说：……

"寻以丁忧"，即乾道五年（1169）九月，朱熹的母亲祝氏卒。

乾道三年（1167）八月至十一月，朱熹访张栻于潭州，登衡山，但在其时所撰关于衡山的大量诗文中却只字未提及自己正监衡山南岳庙，此足以说明祠职是虚名，纯是为了获得薪禄。

（4）主管台州崇道观。孝宗淳熙元年（1174）六月至淳熙三年（1176）六月，共二年。

乾道九年（1173），朱熹四十五岁，五月二十八日，朝廷改任朱熹为左宣教郎，主管台州崇道观。崇道观在浙江天台县西北二十里。朱熹原为迪功郎，是文官三十七阶之较低级；宣教郎为文官三十七阶之第二十六级。主管比监高一级。

朱熹"逊避逾年"，即于次年六月二十三日任其职，至淳熙三年（1176）六月，授秘书省秘书郎，罢祠。

（5）主管武夷山冲祐观。淳熙三年（1176）八月至淳熙五年（1178）八月，共二年。

淳熙三年，朱熹四十七岁，八月复辞秘书郎，并请祠，许之，得主管武夷山冲祐观。冲祐观在福建崇安县西南三十里之武夷山。黄干在《朱子行状》中说：

"先生自同安归，奉祠家居，几二十年。间关贫困，不以属心。"（《黄勉斋先生文集》卷8）

所谓二十年，指同安归至此，南岳、崇道、冲祐三洞五任实为十二年半。

淳熙五年（1178）八月，朱熹被任命为知南康军，罢祠。

（6）主管台州崇道观。淳熙十年（1183）二月至淳熙十二年（1185）二月，共二年。

淳熙九年，朱熹五十三岁，九月十二日离任提举两浙东路常平茶盐公事，十一月请祠，次年一月得之主管台州崇道观，二月任其职。淳熙十二年（1185）二月，祠秩满，罢祠。

（7）主管华州云台观。淳熙十二年（1185）四月至十四年（1187）四月，共二年。

淳熙十二年，朱熹五十六岁，四月崇道观祠秩满，复请祠，即差改主管华州云台观。是观在陕西，有宋神宗像（参见《朱子语类》卷128第四三条《华州》）。当时其地在金朝占领之下，主管是观为虚名。

　　（8）主管南京鸿庆宫。淳熙十四年（1187）四月至七月，共三个月。

　　淳熙十四年，朱熹五十八岁，三月云台观祠秩满，复请祠，即得主管南京鸿庆宫，四月任其职。此时南京（今商丘）在金朝占领之下。宫内有宋神宗像（参见《朱子语类》卷一二八第四三条《华州》）。

　　朱熹是年五十八岁，发斑白矣。是年七月，朱熹被任命为江南西路提点刑狱公事，罢祠。

　　此指淳熙十年（1183）二月至淳熙十四年（1187）七月，前后五年。

　　（9）主管西京嵩山崇福宫。淳熙十五年（1188）七月至十二月，淳熙十六年（1189）一月至八月，前后共一年二个月。

　　淳熙十五年，朱熹五十九岁，七月磨勘，转朝奉郎，被任命为直宝文阁，主管西京嵩山崇福宫。朝奉郎为文官三十七阶之第二十二级，又比宣教郎高四级。崇福宫在河南登封县嵩山下，此地为金朝所占领。是年十二月二十一日转祠，次年一月依旧主管西京嵩山崇福宫，八月被任命为江南东路转运付使，罢祠。

　　（10）主管西太乙宫。淳熙十五年（1188）十二月至淳熙十六年（1189）一月，共一个月。

　　淳熙十五年十二月二十一日，朱熹转祠主管西太乙宫。"西太乙宫，在西湖孤山'（宋吴胄牧《梦粱录》卷8《西太乙宫》，因其是在首都临安（今杭州），属于内祠，地位待高。次年一月十一日，朱熹被任命为秘阁修撰，依旧主管西京嵩山崇福宫，遂罢祠西太乙宫。

（11）主管南京鸿庆宫。光宗绍熙二年（1191）三月至绍熙四年（1193）十二月，共二年九个月。

绍熙二年，朱熹六十二岁，以嗣子塾丧，"再请奉祠，除秘阁修撰，主管南京鸿庆宫"（《黄勉斋先生文集》卷8《朱子行状》），三月任其职。

绍熙四年（1193）十二月，朱熹被任命为知潭州兼荆湖南路安抚使，罢祠。

（12）提举南京鸿庆宫。绍熙五年（1194）十二月至宁宗庆元二年（1196）十二月，共二年。

绍熙五年，朱熹六十五岁，闰十月二十一日罢侍讲除宫观，十二月诏依旧焕章阁待制，提举南京鸿庆宫。提举乃祠官四级之最高者。庆元元年（1195）二月，磨勘转朝奉大夫。此为文官三十七阶之第十九级，比朝奉郎升三级。庆元二年（1196）十二月，群臣攻击伪学日急，遂落职罢祠。此后至卒，便是所谓"庆元党禁'时期，朱熹已无政治生涯。

朱熹喜爱游山访古，他自己曾有"平生罪我只春秋，更作器器万里游"、"群讥众诋不能忧"（《朱文公文集》卷5《次韵别范伯崇二首》）的诗句。他的足迹遍于闽、浙、赣、湘之名山、古刹、书院，并多有题词留名。那么，他靠什么维持生计呢？他的生存状况又如何？

朱松在福建未给朱熹留下田产，其早年全家主要依靠刘屏山借给的二百多亩歇马庄为生。朱熹一生从政的时间仅七年，且多为地方官，绝大部分时间闲居，从事著述和讲学活动，而能支持其生活开支，必有其固定经济收入。今考其财源，约略有下列数端：

（1）官禄。朱熹做官和品级主要有：主簿三年，常平茶盐公事九个月，知州、军三年二个月，待讲四十日；左迪功郎二十二年，自高宗绍兴二十一年至孝宗乾道九年，即1151—1173年。宣教郎十五年，自乾道九年至孝宗谆熙十五年，即1173—1188年。朝奉郎七年，自淳熙十五年至宁宗庆元元年，即1188—1195年。朝奉大夫二年，自庆元元年至庆元二年，即1195—1196年。朱熹官衔最高至朝奉大夫。

朱熹所任这些官职和品级的俸禄，史书记载不全。据记载，北宋运使、茶盐等三十贯左右，知州、军最高六十贯，待讲加十贯，以上南宋少有增损；北宋迪功郎十二贯，宣教郎十五贯，朝奉郎三十贯，朝奉大夫三十五贯，以上南宋略有增损。（以上均参见《宋史》卷172《职官》12《俸禄制》下）此数薪金，在为官期间，可以衣食丰足而略有剩众，朱熹称为"俸余"（《朱文公文集》卷35《与刘子澄》第二十一书等）。

（2）祠禄。朱熹一生前后做祠官二十一年十个月。祠官禄微，仅做官禄不足时的补充。朱熹在做祠官期间的俸禄，史书未有明确记载，我们据北宋类似情况推之。据《宋史》卷172《职官》12《俸禄制》所载，北宋宫观都监勾当官十七贯，南宋仍用前制，可能略有增损，如另加布米若干。

（3）文字钱。所谓文字钱，是朱熹为人撰文酬劳金和刻书售书获利金。文字钱是朱熹经济收入中的来源之一。此项收入在朱熹经济来源中占有一定的地位。

关于朱熹经营刻书售书之业，可分两个方面。一是朱熹自著之书自印销售，不许别人夺利。二是刻印儒家经典销售，似今日之出版社。

（4）馈赠。在朱熹的一生中，以闲居清贫著名，每每称穷。

朱熹平日生活之开支颇为俭用。这一方面是因其财力不足，已如上述。另一方面是因其主张"百事节省"（《朱文公文集·别集》卷6《与林择之》第六书）。……

朱熹具有不事浮华的思想。我们以朱熹结庐、衣食、应酬等数端，可窥见其俭用。

朱熹数迁其居，结庐多处，皆美其名曰精舍、书堂、晦庵等，其实建筑极为简陋，皆茅宇、柴扉。朱熹从不主张大兴土木。

关于朱熹的衣食，其门人黄干在《朱子行状》中曰："其自奉，则衣取蔽体，食取充腹，居止取足以障风雨。人不能堪，而处之裕如也。"（《黄勉斋先生文集》卷8）

关于朱熹的应酬，黄干在《朱子行状》中说："宾客往来，无不延遇；称家有无，常尽其欢。于亲故，虽疏远必致其爱。于乡间，虽微贱必致其恭。吉凶庆吊，礼无所遗；赒恤问遗，恩无所阙。"（《黄勉斋先生文集》卷8）

理学大师

朱熹的生平活动大致可分为三个时期：第一个时期，从高宗建炎四年公元 1130 年到绍兴三十一年公元 1161 年，是朱熹的少年和青年时代，是从事学习、参加科举考试和初涉政坛的阶段。第二个时期，从绍兴三十二年公元 1162 年到光宗绍熙五年公元 1194 年，是朱熹中年至晚年时代，是多次参政和讲学授徒、著书立说、集理学之大成的阶段。第三个时期，从光宗绍熙五年七月宁宗即位到庆元六年公元 1200 年，是朱熹的暮年，是宁宗诏免朱熹侍讲职位，理学遭到禁止阶段。

1.　师从李侗

据《宋史》本传和《宋元学案·晦翁学案》记载，朱熹从小就很聪明，非凡人所比。当朱熹刚牙牙学语时，其父朱松指天说："这是天。"朱熹问其父："天之上是何物?"他父亲对此惊讶不已。孩童时代的朱熹常常独自在地上用手指画沙，而他所画的并非一般图画，却是八卦图。虽然史书对朱熹的这些赞誉有夸大之处，但朱熹从小就注意探讨"天之上何物"这个曾经困扰无数哲人的宇宙最高本体问题，为他后来建立"理学"哲学体系打下了坚实基础。

　　朱熹从小就在其深受二程（程颢、程颐）理学熏陶的父亲的直接教育下，开始学习儒家经典。《朱子年谱》说：朱熹十来岁，就"励志圣贤之学"，慨然奋发，日读《大学》《中庸》《论语》《孟子》无间断。当读《孟子》的时候，他深有感触地说："我十来岁时，读《孟子》，知圣人与我为同类，喜不可言。"朱熹就是这样，从人人皆可为尧舜的意义上来体会"圣人与我同类"，因而，他也以做圣人为自己的目标。

　　朱熹十四岁（1143）时，他的父亲朱松病逝。朱松死前对朱熹说："我有三位好友，他们是籍溪胡原仲，白水刘致中，屏山刘彦冲，这三人都很有学问，令我敬畏。我死后，你要向这三人请教。我也就死而瞑目了。"朱松死后，朱熹遵父遗言，从建州（今福建建瓯）城南迁到崇安五夫里，受学于此三人。

　　由于胡原仲和刘彦冲喜好佛、老，常将儒书与佛教相糅合，企图调和儒佛。这在当时士大夫中是一种司空见惯的现象。这一现象对朱熹产生了一定的影响。年青好学的朱熹，虽以儒家经典为其学习的主要内容，然于佛家、道家，也无不过问；于禅道文章、楚辞、兵法，也事事要学。这种广涉于儒、释、道的学风，为他今后融儒、释、道为一体，集理学之大成奠定了思想基础。

　　1147年，十八岁的朱熹参加建州"乡贡"。据"多贡"考官蔡兹说："我取中一后生，三篇策论皆为朝廷措置大事。这真是一位杰出的人才。"这表明青年时代的朱熹就是一位有志向、有抱负的人。

　　1148年，十九岁的朱熹考取了进士，取得了最高的学衔。1151年，朱熹二十二岁时，被授予左迪功郎，被任命为泉州同安县主簿。1153 年秋天，二十四岁的朱熹到同安县任职，开始了他的仕途生涯。

即使是初涉政坛，朱熹也不忘却读书。他认为虽然自己考取了进士，迈上了仕途之路，但做学问的道路却刚刚起步。他总结自己二十岁以前的学习是广泛摄取，但贪多嚼不烂，所以，二十岁以后，他把主要精力放在思量"义理"和融会贯通上，这在学习方法上是一个很大的进步。有时为了搞透一段文字的"义理"，常常废寝忘食。他说："有时思量义理未透，直是不能睡，甚至三、四个夜晚穷究到明，彻夜闻杜鹃声。"直至把"义理"理会透彻为止。

朱熹在自己刻苦读书、钻研"义理"的同时；又企盼着寻找一位引路的明师。几经辗转，公元 1160 年，三十岁的朱熹正式拜李侗为师。

李侗（? —1163）是程颐的再传弟子罗从彦的学生。而罗从彦则是二程弟子杨时的学生。杨时是二程的得意门生。有一次，程颢送杨时南归时说："吾道南矣!"程颢死后，杨时又跟程颐学习。当时，在士大夫之间盛行佛学，但杨时跟"洛学"不变，因此得到程颐的赞赏，被称为得二程"不传之学"的弟子之一。南宋初，杨时在南方的声望很高，因此，罗从彦"慨然慕之，遂徒步往学焉"。

所以，罗从彦被称为杨时的嫡传弟子。李侗又从师于罗从彦数年，受《春秋》《中庸》《论语》《孟子》之说，从容潜玩，有会于心，尽得所传之奥，得罗从彦"亟称许"。当时，朱熹的父亲朱松也曾师事罗从彦，与李侗"为同门友"。

朱熹拜李侗为师以后，学术思想发生了很大变化。如果说朱熹十七、八岁左右还留恋于佛学，初见李侗时，还曾以禅学就问于李侗的话，那么，此时则专心于儒学。《朱子语类》曾这样记载朱熹学术思想的演变：

某少时未有知，亦曾学禅，只李先生极言其不是，后来考究，却是这边（指儒学）味长，才这边长得一寸，那边便缩了一寸，到今销鍊无余矣，毕竟佛学无是处。朱熹依李侗的教导，只需看"圣贤言语"，又要求他从"圣经中求义"，以便推见"实理"。朱熹潜心读书，逐渐悟出求"理"的方法，就是"静坐"。关于静坐求理的方法，朱熹说："所谓静坐，就是使心中无事，这样，'天理'便会显现出来。而'天理'显现，则心越明越静。"

这是说，只有心静，才能体究人伦，才能明白"天理"。以静求理，这是儒家圣人求道的途径。由于朱熹既能不远数百里，徒步往从，求教于李侗，又能领悟圣人之说，悉心求道，因而得到了李侗的赞扬："颖悟绝人，力行可畏，其所论难，体认切至，自是从游累年，精思实体，而学之所造益深矣"；并被誉为"乐善好义，吾觉鲜有"的人物。于是得李侗之正传。这样，朱熹便成为二程的四传弟子，成为儒家"道统"系谱中的重要人物。

2. 集理学之大成

公元 1162 年，宋高宗赵构在朝野一片反对和议、主张抗金声中退位。孝宗赵眘继位后，支持抗金，并诏求直言。于是，主张"以战复仇"、认为"讲和"是叛逆"天理"的朱熹，以监潭州南岳庙的臣职向赵眘上《封事》。在《封事》中他提出了三个方面的建议：

第一，"帝王之学不可以不熟讲也。"所谓"帝王之学"，就是古代贤明君主之学。他要孝宗皇帝从"正心诚意"做起，即捐去旧习无用浮华之文，攘斥似是而非邪诡之说，遍访真儒，置诸左右，以备顾问。这样，才能治国平天下。

第二，"修攘之计不可以不早定也"。所谓"修攘之计"，就是"修政事，攘夷狄"。他明确指出，我们和金人有不共戴天之仇，抗金则"义理"明，而讲和，则有百害而无一利也。朱熹反对和议，主张抗金。

第三，"本原之地不可以不加意也"。他认为"四海之利病"，系于"斯民之戚休"；"斯民之戚休"系于"守令之贤否"，然而"监司者守令之纲也，朝廷者监司之本也"。对于"肆虐以病民"的官吏，即使是宰执召谏的"亲旧宾客"，也应该斥而去之。因而提出"正朝廷"、"立纪纲"、"厉风俗"、"选守令"的主张。如此，才能国富民强，才能抗击金兵。

在这部《封事》中，朱熹数说和议之害，复仇之利，反和主战态度十分鲜明。

公元 1167 年秋，福建崇安发生大水灾，朝廷命朱熹视察水灾，并与县官议论"赈恤"之事。他遍访崇安各山谷，十日而返。经这次视察，不仅有"今时肉食者，漠然无意于民，直是难与图事"之感，而且有"若此学不明，天下事决无可为之理"之叹。由于水灾严重，粮食无收，因而到次年青黄不接的春夏之交，崇安发生大饥荒，随之爆发饥民起义，人情大震。朱熹劝说豪民发藏粟，以赈济下民。后又请朝廷以"粟六百斛"赈济饥民，使矛盾得以缓和。由此，朱熹得到一条教训：不能竭泽而渔，否则便会激起民变。因而他主张"设社仓"，以解决农民青黄不接时粮食困难的问题。朱熹认为设立"社仓"有许多好处。既可在新陈未接之时，向"社仓"贷谷，取息什二，而可不向"豪民"高利贷谷；又可在收成不好时，出息减半；如大饥，则可全免。对于无劳力的鳏寡，则可免除利息。其中最大的好处是可杜塞发生祸乱，即农民起义的根源。因为"盗贼"窃发的端始，往往是由于饥饿。因此，他以"社仓"为近古救弊补病的"良法"。公元1171年，朱熹又在五夫里创立"五夫利仓"，后又在福建建阳和浙江金华等地进行推广。并且，他还把"社仓"法与王安石的"青苗法"加以比较，认为"社仓"法比"青苗法"还优越。

公元1189年2月，孝宗内禅，光宗赵惇即位，朱熹知福建漳州。在漳州期间，他做的主要工作是主张行"经界"，即对土地进行核实田亩、画图造册、以田交税。朱熹看到广大贫苦农民的土地虽被官僚地主兼并了去，但产量和税额并没有划归官僚地主，"业去户存"。因而，出现了贫者要缴"无业之税"，而官僚地主却"有业而无税"，这不仅使贫苦农民生活更加痛苦，而且国家也有坐失常赋而造成岁计不足的弊病。朱熹为了纠正这种"田税不均"的现象，而主张"正版籍"、核实田亩；"随亩均户"，均田税。这无疑是对豪家大姓不利，而有利于政府、"细民"的改革措施。

这一时期，朱熹出于民族主义，积极主战反和，复仇雪耻。他又基于对南宋社会弊病的认识，提出了设"社仓"、主"经界"的改革措施，企图补救时弊。但由于官僚大地主的反对而没有付诸实行。

除以上政绩外，在哲学思想方面，朱熹在这一时期完成了建构理学哲学体系的大任。

公元1168年，朱熹完成了《二程遗书》的选编，通过此书，他宣扬理学家鼓吹的"存天理，灭人欲"的伦理道德说教。

公元 1175 年夏，被称为"东南三贤"之一的吕祖谦（1137——1181）从浙江东阳到福建崇安朱熹的"寒泉精舍"，留住十余年，相与读周敦颐、二程和张载的书，并商讨编辑《近思录》的指导思想，作为理学入门的教科书。当朱熹送吕祖谦回浙江途经江西上饶鹅湖时，吕便邀陆九龄、陆九渊来会，按照吕祖谦的本来意思，是想调和朱、陆为学之方的分歧。但讨论的结果是明确了他们之间的分歧。朱熹从"理"本论出发，主张"即物穷理"，而被陆九渊讥为"支离事业"；陆九渊则从"心"本论出发，主张"发明本心"，而自称为"易简工夫"，结果不欢而散。此后，人们称朱学为"理学"学派，陆学为"心学"学派。

公元 1177 年，作为集理学之大成的朱熹代表作——《论语集注》《孟子集注》编成。他首先编成《论语集义》和《孟子集义》，然后按理学的观点取其"精粹"为《集注》，又把为什么这样取舍的道理或给学生的问答编为《论语或问》和《孟子或问》。同时，还完成了《周易本义》和《诗集传》的编写。其中，《论语集注》和《孟子集注》的编成，标志着朱熹理学哲学体系的建立。

公元 1178 年，由于史浩的推荐，朱熹被任命为"知南康军"（今江西星子县）。在南康军任职期间，他在庐山唐代文人李渤隐居的地方，建立"白鹿洞书院"。在《白鹿洞书院学规》中，他把"父子有亲，君臣有义，夫妇有别，长幼有序，朋友有信"作为"五教之目"；把"博学之、审问之、慎思之、明辨之、笃行之"作为"为学之序"；并以"言忠信、行笃敬、惩忿窒欲、迁善改过"为"修身之要"；"正其义不谋其利，明其道不计其功"为"处事之要"；"己所不欲，勿施于人，行有不得，反求诸己"为

"接物之要。"由此，"白鹿洞书院"成为全国著名的四大书院之一，而其《学规》也成为各书院的楷模。朱熹在"白鹿洞书院"中积极宣讲他的理学思想，培养了一批学生，也形成了自己的学派。

公元 1189 年，朱熹在漳州任职时，首次刊刻四经即《书》《易（本义）》《诗（集传）》《春秋》以及四子书即《论语（集注）》《孟子（集注）》《大学（章句）》《中庸（章句）》，宣扬他的理本论哲学思想。

公元 1195 年，朱熹以六十五岁高龄，在湖南创办"岳麓书院"，讲学授徒，传播理学。《朱子年谱》记载说：

先生（指朱熹）穷日之力，治郡事甚劳，夜则与诸生讲论，随问而答，略无倦色。多训以切己务实，毋厌卑近，而慕高远，恳恻至到，闻者感动。

除办"岳麓书院"外，朱熹还修建了"武夷精舍"，创立了"紫阳书院"等。通过这些书院，朱熹培养了许多学生，向大江南北传播他的理学思想，形成了自己独立的学派——朱子学。

3. 朱子学遭禁

公元 1195 年，光宗内禅，宁宗赵扩继位。朱熹得到宰相赵汝愚的密报，抢在宁宗登基大赦令来到之前，在潭州杀了十八个农民起义军的重要成员。朱熹与农民起义军势不两立的态度，可见一斑。

是年八月，经赵汝愚推荐，任朱熹为焕章阁侍制兼侍讲。初见宁宗，便上《行宫便殿奏札》。他大讲"君臣父子，定位不易，事之常也；君令臣行，父传子继，遭之经也"和"为学之道，莫先于穷理"等"大伦"、"大本"的封建伦理道德。他任侍讲后，除单日外，每逢双日，早晚进宫两次，向皇帝宣讲《大学》。朱熹进讲的基本精神是"为君者不知君之道，为臣者不知臣之道，为父者不知父之道。为子者不知子之道，所以天下之治日常少，而乱日常多，皆由此学不讲之故也。"故朱熹对皇上说，寻天下之治，就是要明"君道"、"臣道"、"父道"……舍此而他求，就错了。

朱熹借向皇帝进讲的机会，面陈四事：

第一，停止修葺东宫的劳役，以慰流离失所的难民。

第二，皇上应下诏自责，以减省舆卫。

第三，整肃纪纲，以尊严朝廷。为此，近习不得干预朝政，大臣不得专任己私。

第四，寿皇之遗体，只可安于内，这样，则宗社生灵，皆蒙福于外。

此外，朱熹还在宁宗面前斥责大臣韩侂胄。

这些举动引起了宁宗的不满，认为朱熹是越俎代庖，干预朝廷事务。是年十月，宁宗免去朱熹侍讲职位。赵汝愚上书竭力固谏，要求留用朱熹，宁宗不听。此外，中书舍人陈傅良、起居郎刘光祖、起居舍人邓驿、御史吴猎、吏部侍郎孙逢吉等，也都交章留熹，但宁宗仍不准。工部侍郎黄艾后问宁宗，为什么逐朱熹，宁宗说："朱熹对朝廷之事，事事干预，而朱熹所言，多不可用。"这样，朱熹被罢出朝。是年十一月，朱熹回到了福建考亭。十二月建"竹林精舍"，又更名为"沧州精舍。"

公元1195年，赵汝愚以"同姓居相位，将不利于社稷"为由，被罢出朝。韩侂胄以拥立宁宗有决策之功而掌握大权。随着

朱　熹

韩侂胄的掌权，一场反朱子学（理学）的斗争便开始了。

公元 1196 年 2 月，叶翥上书请求把理学家的书"除毁"，科举取士，凡"稍涉经训者，悉见排黜，文章议论，根于理义者，并行除毁。"并将朱子学斥为"伪学之魁"。监察御史沈继祖指控朱熹有十大罪状：

(1) 不给母亲吃好米，不孝其亲；

(2) 不敬于君；

(3) 不忠于国；

(4) 以辞职名义玩侮朝廷；

(5) 赵汝愚死时，朱熹率其徒百余人，哭之于野；

(6) 信妖人蔡元定邪说，有害于风教；

(7) 诱引两个尼姑以为宠妾；

(8) 冢妇不夫而自孕，诸子盗牛而宰杀，却说这样能齐家；

(9) 为官时在漳州妄行经界，在浙东多发赈粮；

(10) 据范染祖业之山，以广其居而反加罪于其身，发掘崇安弓手父母之坟，以葬其母等。

是年，朝廷将朱子学（理学）更名为"伪学"，规定《六经》《语》《孟》《中庸》《大学》等书为禁书，降朱熹二官，即秘阁修撰和提举南京鸿庆宫，并决定"伪学之党"（朱熹弟子等）不准在朝廷做官，甚至有人上书要求斩朱熹以绝"伪学"。

公元 1198 年，朝廷下诏要理学伪邪之徒"改视回听"，如再"遂非不悔"，"必罚无赦"。并订立《伪学逆党籍》，于是"伪学"便成了"逆党"，计有宰执四人，侍制以上十三人，余官三十一人，武臣三人，士人八人，共五十九人。使得朱熹的门人故交，过其门而不敢入，甚至使他的弟子更名他师，变易衣冠，狎游市肆，以自别其非党。一时间，"士之绳趋尺步，稍以儒名者，无所容其身。"儒者不敢以儒自命。

然而，面对此情此景，朱熹坦然自若，一笑了之，或日与诸生讲学不休，或终日伏案疾书，临死前，尚在桌前修改《大学·诚意章》。朱熹死后，他的学生们想给"伪师"送葬，但也受到歧视和限制。朱熹死时，朱子学还处于被排斥、受打击、遭禁止的地位。

朱熹死时七十一岁，历仕高宗、孝宗、光宗、宁宗四朝，立朝仅四十六日，为官十年。其余四十年时间都从事讲学和著作。在政事方面，朱熹设崇安"设仓"、主漳州"经界"、弹浙东豪右、解南康饥荒，显示了他的管理才干；在学术方面，朱熹虽被诏免侍讲，但他一生仍讲论、著述、编辑、撰注不已，直至风烛残年遭庆元党禁之际，仍编纂《礼书》、集注《楚辞》，学业辉煌，终开一代理学宗风；在教育方面，朱熹随政兴学，建"武夷精舍"、办"岳麓书院"、创"紫阳书院"、复开"白鹿书院"，引"诸九儒云从星拱，风流相继"，使其门人弟子遍布天下，得"朱夫子"之美称。

在朱熹死后九年，宁宗于嘉定二年（1209）便诏赐朱熹遗表恩泽，"谥曰文"，称"朱文公"。过了一年，又追赠朱熹为中大夫，宝谟阁学士。嘉定五年（1212），《论语集注》和《孟子集注》被列入官学，作为法定教科书。这样，宁宗就完全否定了他在公元1196年禁止朱子学的诏令，终于认识到朱熹思想是维护南宋统治者利益的。

此后，朱熹思想便越来越受到统治者的重视。理宗赵昀在宝庆三年（1227）下诏：

朕观朱熹集注《大学》《论语》《孟子》《中庸》，发挥圣贤蕴奥，有补治道。朕方励志讲学，缅怀典刑，深用叹慕。可特赠熹太师，追封信国公。"理宗追念朱熹"恨不与之同时也"。又于淳祐元年（1241）再次下诏：

　　朕惟孔子之道，自孟轲后不得其传，至我朝周敦颐、张载、程颢、程颐，真见实践，深探圣域，千载绝学，始有指归。中兴以来，又得朱熹，精思明辨，折中融会，使《大学》《论》《孟》《中庸》之书，本末洞彻。孔子之道，益以大明于世。朕每观五臣论著，启沃良多。今视学有日，其令学官列诸从祀，从副朕崇奖儒先之意。

　　理宗手诏朱熹从祀孔子庙。彻底恢复了朱熹的声誉。以后，朱熹的思想和学说继往开来，作为元、明、清三朝官方思想体系在漫长的历史中，显示了它对中国封建社会后期具有的价值和影响。

格物致知

昆仑大无外，磅礴下深广。阴阳无停机，寒暑互来往。

朱熹是我国封建社会开始向后期演变之际的儒家主要代表人物。他以儒家的政治伦理观点为中心，糅合佛、道思想，把自然、社会、人生等诸多现象统统纳入其思想体系，建立起博大繁杂的理本论哲学逻辑结构，故全祖望称他为"致广大，尽精微，综罗百代"。从"广大"和"精微"两个方面评价朱熹思想，颇有见地。就"广大"而言，是说他不仅对中国哲学史上重要哲学范畴作出了自己的解释，而且发前人所未发，提出了一些重要哲学范畴。涉及经学、史学、佛学、道学、文学、乐律以至自然科学，无所不及。就"精微"而论，是讲他对各个哲学范畴作了比前人更加严密、完整的解释，对各种自然现象和社会现象的观察也更深入和仔细。因此"致广大，尽精微"，所以能"综罗百代"，而成为新儒学的创立者，儒家思想的集大成者。

朱熹理本论哲学思想的主要内容可以概括为本体思想的"理气变易"论，认知思想的"格物穷理"论和伦理思想的"尽性明理"论。

1. 理气变易观

（1）理气本末。在中国本体论哲学中，有以"天"为本、以"道"为本、以"无"为本、以"心"为本、以"气"为本者等等。而朱熹建构的新儒学则是以"理"为本，"理"范畴是朱子学的基本范畴和核心范畴。剖析朱熹"理"范畴的内涵，可以看到它具有三个特性。这就是：

第一，理的至上性。

朱熹说：未有天地之先，毕竟是先有此理。万一山河天地都陷了，毕竟理就在这里。

这是说，理是不依赖天地万物而永恒存在的。这种永恒性表现为理先于天地万物而独立存在，可谓无始；天地陷了之后，理依旧独立存在，可谓无终。理的这种无始无终，决定了它的至上性。理的至上性具体表现为它是宇宙的根本。朱熹认为"合天地万物而言，只是一个理。"没有天地之时，只有一个理存在着。由于它的存在，才有了天和地，才产生了人和物。所以，天、地、人、物都由最根本的理所产生、囊括承荷。天地万物总起来说，就是那么一个"理"。理散之则为万物，合之则为一理。从宏廓来说，理弥漫天地，涵盖万物，其大无外；从隐微来说，理退藏于密，其小无内。这表明作为宇宙根本的"理"是无所不包、无所不在的。理的至上性从理自身角度标示着它是宇宙的本体。

第二，理的形上性。

朱熹认为理的形上性是相对于气的形下性而言。他说：

天地之间，有理有气。理者，形而上之道也，生物之本也。气者，形而下之器也，生物之具也。

这里所谓形而上，是指无形无象的宇宙本体；所谓形而下，是指有形有象的物质存在。所以，无形无象的理是宇宙本体，有形有象的气是物质存在。朱熹认为理是形而上之道，是生物之本；气是形而下之器，是生物之具。因此，理（道）与气（器）之间，必须分界严明，不可乱规。如"形而上为道，形而下为器，说这形而下之器之中，便有那形而上之道，若便将形而下之器，作形而上之道，则不可。"朱熹以椅子为例来阐述这一道理。椅子必须有四条腿，方有坐的功用，这是椅子的"理"。如不按照椅子的设计方案去做，三条脚，不能坐，便失掉了"椅之理"，也就不称其为椅子了。这里，椅子是具体的事物，是形而下之"器"；"椅之理"是抽象的道理、观念，是形而上之"道"。由此可知，形而下的椅子本身包含着形而上的"椅之理"，但是，形而上的"椅之理"绝不是形而下的椅子本身，因为它在椅子之先就已经存在着了。推而广之，"天地之间，上是天、下是地，中间有许多日月星辰、山川草木、人物禽兽，此皆形而下之器也。然这形而下之器中，便各自有个道理，此便是形而上之道也。"这样，朱熹把日月星辰、山川草木、人物禽兽等都视为形而下之器，而这些形而下之器都是那个形而上之理的使然。理的形上性从理与物关系的角度表明了理是万物的源生者，是宇宙的根本。第三，理的对上性。

　　关于宇宙运动和变化的原因，朱熹认为这是"理合当恁地"，即是理的对上性所使然。所谓理的对上性，是指宇宙间一切事物都是有"对"的，对立双方的一分为二、合二而一的对立统一原则是促使事物运动、变化、发展的根本原因。而"理"是无对的，但它却是对立统一原则的所以然者。如朱熹的学生问道"对"时说："天地万物之理，无独必有对。理有对吗?"朱熹回答说："大概天下事物之理，均无无对者。如高下、大小、清浊之类皆是。然这都是指物而言。物之所以有高必有下，有大必有小，有清必有浊的原因，皆是理必当如此。这正如天生之物，不能独阴必有阳，不能独阳必有阴一样，皆有对。而这对处不是理对，但其所以有对的原因，本是理使之这样。"这个例子说明，朱熹认为由于"理"是形而上的，即是独尊至上的，所以它不能与自己对（"唯道（理）无对"）。对待之理，只能在具体事物中表现出来。事物之所以有对的原因，皆是"理"使之然也。理的对上性从事物运动、变化的原因角度，阐明了理是宇宙运动和变化的主宰。

至上性、形上性、对上性，从不同角度证明了这样一个道理："理"是形而上的宇宙本体。自此以后，历代哲学家都把作为形而上本体的"理"，视为主要问题，加以研究、讨论。如朱子后学陈淳提出"天命"说，他认为"天命"是作为形而上本体理的最高层次。元代著名理学家许衡在本体论上继承了朱熹"天即理"的思想，以理为最高本体。这些是对朱熹本体论的承袭也有一些哲学家围绕朱熹理本论哲学提出了异议。陆九渊针对"理"，提出"心"，讲心本体论。王廷相针对"理"，提出"气"，倡气本体论。王夫之针对"理"，提出"诚"，主诚本体论。这些又是对朱熹理本论哲学的改造。但不论是承袭者还是改造者，他们都把形而上本体之理作为研究的中心。由此，中华民族的理性思维被纳入探讨形而上本体理的轨道。

在朱熹理本论哲学体系中，与"理"相对的哲学范畴是"气"。"气"是中国哲学史上一个古老的范畴。各种派别的哲学家，在构造自己哲学体系时都曾使用过它，只不过内涵不同而已。

朱熹吸收了古代关于"气"的思想，然而最直接的是利用和改造了张载"气"的思想资料，构建了自己哲学中的"气"范畴。朱熹对自己哲学逻辑结构中的基本范畴"气"，作了这样的规定：

——"气"弥漫宇宙。

朱熹说：天地间无非气。

天地间只是一个气。所谓天地，即是宇宙。这是说，气充满天地，弥漫宇宙。这里是讲"气"的普遍性。由于天地间包许多"气"，而"气"的流行，便弥漫宇宙，无所不在，无处不是。这种"气"，在朱熹哲学体系中，属于物质概念。其中，眼睛看得到的嘘吸之"气"是具体的空气，日月、男女、牝牡处也是"气"，是具体的物质，而眼睛看不到的阴阳也是"气"，是抽象的物质。

——"气"运动流行。

朱熹说：一元之气，运转流通，略无停间，只是生出许多万物而已。

其一气之运，亦无顷刻停息。这是讲"气"的运动性。"气"本身具有运动变化的特性，而气的运动又表现为不同的运动形态。具体表现为以下三种运动形态：一是具有升降的运动形态，"气升降，无时止息"。二是具有屈伸的运动形态，"屈伸往来者，气也。"三是具有聚散、生死的运动形态，"气聚则生，气散则死"。

——"气"凝结造作。

朱熹说：盖气则能凝结造作，气则能酝酿凝聚生物。由于"气"的凝结造作，便生人生物，生出形形色色的现象。"是人物之始，以气化而生者也。气聚成形，则形交气感，遂以形化，而人物生生，变化无穷矣。"这是讲人物由"气"生成的过程。朱熹把人物始生，叫做"气化"；气聚成形，称为"形化"。由于"气化"、"形化"的无穷变化，便生出人和物来。这里是讲"气"的功能性。

——"气"固定方位。

朱熹说：分阴分阳，两仪立焉，便是定位的，天地、上下、四方是也。

彼贱而为物者，既梏于形气之偏塞，而无以充其本体之全矣，唯人之生乃得其气之正且通者，而其性为最贵。这是说"气"具有上、下、尊、卑、贵、贱等价值特性，所以天地、上下、四方、尊卑、贵贱等都是由"气"产生的。甚至，朱熹还认为"气"具有社会伦理价值。"如事君忠，事父孝，便有许多条贯在里，至于有厚薄深浅，这都是气禀了。"对君忠、对父孝等社会伦理也是由"气"形成的，朱熹这里谈的是"气"的价值性。

在朱熹哲学中，除了对"气"作出以上界说外，还因"气"的不同作用和地位而分为"游气"、"精气"、"魂气"、"清气"、"浊气"、"气质"等，但总起来又只是一个形而下的、生物之具的"气"。

在朱熹哲学中，"理"与"气"这对范畴呈现出既对立又统一的错综复杂关系。为此，朱熹认为应从"物（气）上看"和从"理上看"两个角度来把握"理"、"气"关系。

首先，从"物（气）上看"，即从同一性方面来看"理"、"气"二者的关系。这种关系表现为以下三个方面：

第一，"理"与"气"互相依赖，不可分离。朱熹认为天下没有无理之气，也没有无气之理；有理必有气，有气必有理；同样无理也就无所谓气，无气也就无所谓理；气行则理亦行，理行则气亦行。"理"与"气"相依不离，互相统一。

第二，"理"在"气"中，"理"寓于"气"。《朱子语类》载有：既有理，便有气；既有气，则理又在气中。这说明形而上的"理"存在于形而下的气之中，精神性的"理"寓于物质性的"气"之中。

第三，"理"无先，"气"不后。有人问朱熹："太极动而生阳，静而生阴，可见是理在先气在后。"朱熹回答："自太极至万物化生，只是一个道理包括，不是先有此而后有彼。理与气本无先后之可言。"这是讲理气不可分先后。

从"物（气）上看"，即从现象上看，"理"和"气"浑沦不可分离地合在一起，因而有"相依不离"、"理寓于气"和"无先后"等命题。这些说的都是"理"、"气"的统一性。

其次，从"理上看"，即从对立方面来看"理""气"二者的关系，这种关系表现为以下四个方面：

第一，从"理"与"气"谁是派生者来说，朱熹认为"理"是"气"的派生者，"气"是"理"的被派生者。"有是理，后生是气。"这是说，宇宙间先有"理"，然后由"理"生出了"气"。但"气"一旦从"理"处派生出来，便具有一定的独立性。这时，"理"又寓于"气"之中。可见，"理寓于气"，并不妨碍"理"是"气"的派生者。"理"生"气"，"气"又生"物"，"物"也可说是"理"派生的。由此，在朱熹哲学中，"理"便成为"气"和万物的派生者。

第二，从"理"与"气"的本末来讲，朱熹认为"理"是"本"，"气"是"末"。"以本体言之，则有是理，然后有是气。""本"相当于本质、本体；"末"相当于现象、表现。在朱熹思想中，"理"本"气"末，乃天经地义。

第三，以"理"与"气"谁先谁后来看，朱熹认为，就世界本原来看，应是"理"在先，"气"在后。就"理"、"气"的统一性来看，朱熹主张"理"无先，"气"不后。但要从终极处（世界本原处）来看，毕竟是先有理，后有气。"或问：'理在先，气在后？'曰：'理与气本无先后之可言，但推上去时，却如理在先、气在后相似。"这里的"理与气本无先后之可言"，是指"理"与"气"合生物以后说的。如果"推上去时"，即讲往上推到世界本原处，那么，则必定是先有"理"，后有"气"。所以，在朱熹哲学本体论中，"理"是独立于"气"而存在的绝对精神。

第四，从"理"与"气"的主次关系来说，朱熹认为"理为气主"。就是说，在"理"、"气"这对矛盾统一体中，"理"居于矛盾的主要方面，"气"居于矛盾的次要方面，居于矛盾主要方面的"理"制约着居于矛盾次要方面的"气"。有时，朱熹又将"理"与"气"的这种主、次关系称为主、客关系。"主"是主人、永恒的意思，"客"是客人、暂时的意思。在朱熹哲学逻辑结构中，"理"是第一性的，为"主"；"气"是第二性的，为"次"。

从"理上看"，即从世界本原看，是"理"生"气"、"理"先"气"后、"理"主"气"次，归根结底是"理"本"气"末。"理"是天地万物的本原。这是讲的"理""气"的对立性。

一方面，朱熹以"理"、"气"对立性，阐明"理本气末"，理为宇宙本原的道理，这是他理本论哲学的实质；另一方面，朱熹又以"理"、"气"统一性，说明"理气相依不离"、"理"借"气"生"物"的现象，这是他哲学逻辑结构的缜密。"理"、"气"既对立又统一的关系，标示着朱熹哲学的圆滑、细密和成熟。

(2) 阴阳变易

如果说理气本末讲的是"理"与"气"之间的关系的话，那么，阴阳变易则谈的是"理"借"气"生"物"过程中的辩证关系。

"阴阳"概念，究竟起于何时，这是一个有争议的问题。朱熹吸收了古代《周易·系辞传》中"阴阳"概念和周敦颐《太极图说》中的"阴阳"思想，同时又利用和改造了张载关于"阴阳"的思想资料，把"阴阳"范畴纳入他的哲学逻辑结构之中。

在朱熹哲学逻辑结构之中，"阴阳"二气是作为本体"理"派生万物的资料。他认为，只有"阴阳"二气交感，才能凝结生"物"。关于"阴阳"生"物"的过程，朱熹这样讲：

二气交感，凝结生聚，然后是理有所附着……然二气五行，交感万变，故人物之生，有精粗之不同。这里的意思是说"阴阳"二气通过"交感"而相互作用。所谓"交感"，就是对立面相互感应、交互参错，从而形成运动，这便是《周易》所说的"阴阳相摩，八卦相荡"的运动。通过"阴阳"的交感凝结，而造作出万物。如"阳变阴合，而生水火木金土"；"天地阴阳之气，交台变成人物"；"万物虽多，无不出于阴阳之变"等。这就是讲，自然界的万物都是由阴阳二气相互交感作用凝结而成的。

在朱熹的辩证法思想中，"阴阳"的这种交感作用，可以概括为"一分为二"。

在中国辩证法史上，殷周之际的《易经》已含有矛盾观念的萌芽。春秋战国时的《易传》作者，在解释《易经》时提出了"易有太极，是生两仪，两仪生四象，四象生八卦"和"分而为二以象两"的观点，开"一分为二"思想的端倪。隋代杨上善在解释《老子》"道生一，一生二，二生三，三生万物"时，用了"一分为二"的字句，他说："从道生一，谓之朴也，一分为二，谓天地也。"他所说的"一分为二"是对《老子》"一生二"的解释。

宋代，辩证思维随着自然科学的发展而发展。这个发展，却奇异地在哲学体系中得到体现。邵雍以"像数学"解释《周易·系辞传》时，用"一分为二"注解"太极生两仪"。他说："太极既分，两仪立矣。阳上交于阴，阴下接于阳，四象生矣。阳交于阴，阴交于阳，而生天之四象。刚交于柔，柔交于刚，而生地之四象，于是八卦成矣。八卦相错，然后万物生矣。是故一分为二，二分为四，四分为八，八分为十六，十六分为三十二，三十二分为六十四。……合之斯为一，衍之斯为万。"这里，邵雍以"先天象数"来推衍由"太极"生成万物的过程，即"一分为二"的过程。万物聚合起来便是"一"，分衍开来即是世界万物。因此，他的"一分为二"是具有某些朴素辩证法思想因素的。但是，邵雍并没有揭示"一分为二"的深刻内容，他以一、一、二、二、二、一的"象"和一、二、四、八等"数"来构成世界的先天图式时，并不是客观世界变化的真实反映。所以，程颐和朱熹都认为这是"加一倍法"的"像数学"。

朱熹一方面企图把"一分为二"从邵雍"先天象数"的迷雾中剥离出来，说明"气"的"一分为二"，也继承了二程"万物莫不有对"的思想；另一方面，采纳了张载"一物两体"和王安石"耦之中又有耦"的辩证法思想资料，较为系统地论述了"一分为二"的思想。《语类》记载：

《先天图》一边本都是阳，一边本都是阴。阳中有阴，阴中有阳，便是阳往交易阴，阴来交易阳，两边个个相对，……自一为二，二为四，四为八，八为十六，十六为三十二……

太极之判，始生一奇一偶，而为一画者，二是为两仪，……邵子所谓一分为二者，皆谓此也。在这里，朱熹既肯定了邵雍的"一分为二"思想，但又否定了他在讲阴、阳对立时，不讲阴、阳统一的关系。说明阴、阳双方虽个个相对，但又相互依存、相互渗透。这是朱熹对邵雍的修正和补充。

关于怎样"一分为二"，朱熹依据先秦辩者"一尺之棰，日取其半，万世不竭"的思想，对"一分为二"的命题作了形象的说明。朱熹以手指画扇中心，对学生说："只是一个道理，分为两个。"又横画一画说："两个分为四个。其中一个是仁，一个是义，一个是礼，一个是智，这四个便是种子。每个种子又可分为二，……节节如此，以至于无穷，皆是一生两尔。"朱熹认为，在"一分为二"的过程中，程颐只分到"四"就打住了，周敦颐在《太极图说》中只分到"五"就为止了；《易经》也只说到"八"，《洪范》只说到"十"便止住了。朱熹不以此为止，而是把"一分为二"延续下去。他把太极分两仪、两仪分四象、四象分八卦等现象，都概括为连续"一分为二"的过程，即把"一分为二"看成是一个"以至于无穷"的过程。

那么，朱熹所说的"一分为二"的"二"的内容是什么呢？

先讲"一"。朱熹认为，"一"就是统一物。统一物中包含着对立的两个方面。他在《语类》中这样说：

何谓"一"？曰："一"如一阖一辟谓之变，只是一阴了又一阳，此便是道。寒了又暑，暑了又寒，这道理一直循环不已。

"一"是一个道理，却有两端，用处不同，譬如阴阳，阴中有阳，阳中有阴，阳极生阴，阴极生阳，所以神化无穷。在这里，他说明：

一是统一物存在着互相排斥、互相对立的"两端"，如阖闢、寒暑、阴阳等，它们的用处是不同的。

二是统一物对立双方的排列次序，如气候是寒了暑，暑了寒的循环不已。

三是对立的"两端"是互相依存、互相渗透的，对立的一端必须以另一端作为自己存在的条件，"阴中有阳，阳中有阴"不能只有"阴"没有"阳"，或只有"阳"没有"阴"，阴阳相对立地同处在一个统一体中。因此，朱熹说："如寒则暑便在其中，昼则夜便在其中，便有'一'寓焉。""寒"在"暑"中，"昼"在"夜"中；没有"寒"，无所谓"暑"，没有"昼"，也无所谓"夜"，对立的两端相互依赖，就叫做"一"。

朱熹哲学思想中的"一"是矛盾对立的"一"，这个思想是很可贵的。因为辩证法是不讲什么绝对分明的和固定不变的界限，不讲无条件的普遍有效的非此即彼，它使固定的形而上学的差异互相过渡，除了非此即彼，又在一定的条件下承认亦此亦彼，并使对立互为中介。朱熹不仅不使阴阳、寒暑、昼夜的界限固定不变，而且亦阴亦阳，非阴非阳，阴中有阳，阳中有阴，无疑是合乎辩证法思想的。

再说"二"。在朱熹哲学中，"二"就是"两端"，或相对的意思。即指矛盾对立的两个方面。他这样说：

天下之物，未尝无对。有阴便有阳，有仁便有义，有善便有恶，有语便有嘿，有动便有静。然又却只是一个道理，如人行出去是这脚，归亦是这脚，譬如口中之气，嘘则为温，吸则为寒耳。

东之与西，上之与下，以至于寒暑、昼夜、生死，皆是相反而相对也。天地间物，未尝无相对者。故程先生尝曰："天地万物之理，无独必有对"，皆自然而然，非有安排也。

这就是说，阴——阳、仁——义、善——恶、动——静、嘘——吸、东——西、寒——暑、昼——夜、生——死等，从自然到人类社会，以至道德伦理规范都存在着"相反相对"的现象。这种"相反相对"的现象，不仅不是什么"神"的有意志的安排，而且是一种客观自然的现象。"自然而然，非有安排"，显然是对程颢"无独必有对"思想的发展。同时，朱熹强调"相反相对"的普遍性，认为一切事物都存在对立双方。矛盾双方，既相反相对，相互排斥，又相反相成，相互联系。而且事事如此，无一事一物不然。

从对立的普遍性出发，朱熹探讨了对立的各种形式。如他认为"道"与"器"的对立，属于上下相对的形式；"土"与"金木水火"的对立，属于左右相对的形式；"善"与"恶"的对立。属于反而对的形式。矛盾对立的普遍性，通过多种形式来表现；对立形式的多样性，又体现了对立内容的丰富性。朱熹关于对立形式多样性的探讨，是对于对立普遍性思想的发展，是有理论思维价值的。

进而，朱熹认为不仅在不同事物之间存在着矛盾的相反相成，而且在一个事物内部，也存在着相反相成。如"阴"与"阳"为对立的两端，而"阴"中自分阴阳，"阳"中又亦有阴阳。任何事物都有它对立的"两端"，而对立"两端"又存在着对立的两个方面。朱熹把这种统一物包含着对立面、对立双方又各有对立面，概括为不断"一分为二"的过程。这种不断地（连续地）"一分为二"，就其本来意义说，是对于对象自身矛盾的揭露，反映了对对立面认识的逐步探化，它较之王安石"道立于两"、"耦之中又有耦"的思想更加深入和展开了。

关于"一"与"二"的关系，朱熹称赞张载"一物两体"的提法，认为"此语极精"，并发挥了张载"一"与"二"的辩证法思想，写道：

"一故神"，自注云："两在故不测"，只是这一物，周行乎事物之间，如阴阳屈伸，往来上下，以至于行乎十百千万之中，无非这一个物事，所以谓"两在故不测"。"两故化"，自注云："推行于一"。凡天下之事，一不能化，惟两而后能化。且如一阴一阳，始能化生万物。虽是两，要之亦推行乎此一耳。"

在这里，朱熹说明了：

第一，"一"与"二"的关系是，统一物包含有矛盾相对的两部分，这便是"天下道理，只是一个包两十"，"凡一事，便有两端"的意思，而这个对立的两方面又相互联系、相互依赖。这就是说，没有"一"，就没有"二"；没有"两"，也就没有"一"。没有"一"，"两"（阴阳消长）不能表现；没有"两"，"一"（矛盾统一体）亦不能得见。

第二，独"一"不能促使事物的发生和变化，"两"才能运动变化，化生万物。确切地说，只有统一物又对立又统一，才能促使万物的产生和变化。朱熹说："无这'一'，则'两,便不能以推行，'两'便是这个消长，又是化，又是推行之意。"尽管"一"不能化，但无"一"，"两"也不能变化，推行。

第三，统一物包含着两个相互对立、相互依存的"两端"；相互对立、相互依存的"两端"又组成新的统一物。由此，"一"与"二"就构成了如下的公式："一'→"两"→"一"，或"两"→"一"→"两"。这是说，统一物分裂为"二"，"二"又组合成"一"，或对立面的统一，统一又分为二，也就是"一分为二"→"合二而一"；"合二而一"→"一分为二"。在"一"中把握"两"，又在"两"中把握'一'，朱熹接触到了在对立面的统一中，去把握对立面这样一个重要的辩证法课题。

朱熹关于"一分为二"、"合二而一"的论述，尽管是初步的、片面的、概念的，但大大超过了他的前辈和同时代哲学家关于这个问题的论证，达到了中国古代辩证法思想的最高峰。

朱熹遵循这种"一分为二"、"合二而一"的辩证思维，进一步又探讨了他独具特色的"动静"观。

由于矛盾双方的对立统一，推动事物的运动、变化和发展，由此形成了"动"与"静"的对立和统一。"动静"对立统一的内容，既包含"动静"的相互对立和排斥，也包含"动静"的互相依赖和转化。这是朱熹"动静"观的基本内容。具体讲可分为以下三方面：

第一，"动静"互相对立和排斥。朱熹认为"动静"是相互对立和排斥的范畴。而其相互对立和排斥的形式是多样的。既可是外部的相对，也可是内部的相对。但不论是"动静"之外或"动静"之内，都不存在不与"动"相对的"静"或不与"静"相对的"动"。由此，他提出了"动静"相对而不能"相无"的观点。这个观点既包含有"动静"相反才能相对的意思，也包括有唯相对的范畴才能构成对待的意思。

第二，"动静"相互依赖、相互渗透。朱熹认为"动静"是相互统一的范畴。"动静"相对待双方，都不能孤立地存在，"动"以"静"为自己的存在的前提和条件，"静"以"动"为自己存在的前提和条件，这就是"互为其根"。也就是说，"静"中有"动"之根，"动"中有"静"之根，"动静"相互包涵，相互渗透。如果没有与"动"相对立一方的"静"，那么，"动"就不称其为"动"了。反之亦然。因此，"动"之不能无"静"，"静"之不能无"动"。"动静"相辅相成。

第三，"动静"相对双方不仅互为存在依据和条件，而且可以互相转化。"动极"而转化为"静"，"静极"而转化为"动"，"动静"各自转化为自己的对立面，这就是"物极必反"的意思。朱熹举例说，"动静"相互转化，犹如"嘘吸"。"嘘"转化为"吸"，"吸"转化为"嘘"；"动"转化为"静"，"静"转化为"动"，构成了"动静"的连续系列。"动静"之所以互相转化，是由于存在着一条由此达彼的桥梁，"动静"的同一性就是转化的桥梁和内在根据。

朱熹对于"动静"对立统一的多方面论述，是很精彩的辩证法思想。

在哲学本体论上，朱熹把"理"范畴作为自己哲学思想的核心。本体"理"的自身具有独一无二、寂然不动等特点。它是一个纯然绝对、远离尘世的绝对观念，然却是"气"、"物"赖以存在的宇宙本原。于是，本体"理"借"气"而存在，依"气"而生"物"、所谓"气"（阴阳）则是一个活泼的物质，它具有聚合、造作等特性。由于"气"的对立统一、一分为二、"动静"，使朱熹哲学闪现出精湛的辩证法思想，造作出形形色色、包罗万象的物质世界，即所谓"物"。当"气"派生"物"时，"理"便随"气"进入"物"中。"气"作为中介，把"理"与"物"沟通起来。所以，"理"→"气"→"物"是朱熹理本论哲学的基本架构。

2. 格物穷理说

朱熹的理本论哲学在认知思想方面的表现，可以概括为"格物穷理"。因为在朱熹整体哲学中，"理"范畴除了具有上述特点外，还具有"实理"的意义。为了反对佛教"一切皆空"的思想，朱熹还提倡"实理"说。"佛说万理俱空，吾儒说万理俱实。"所谓"实理"，主要是指事物的规律、规则、属性、本质、原理等意义。含有这重意义的"理"，又可称为客观经验的理。之所以称这种意义的"理"为客观经验之理，是因为朱熹认为"理"为事物之理，作为规律，是不能脱离开具体事物的。为此，他提出了"理在事中"、"理不外事"等命题。这里，他所谓的事中之"理"，是具体的而不是抽象的，是事物之理而不是悬空之理。因此，这种"理"还包括对自然规律的认识和人们在生产、生活中的各种知识。比如土地的厚薄以及农作物生长的过程，都包含着具有规律性的"理"。

虽草木亦有理存在。如麻麦稻粱，何时种何时收，地之肥，地之硗，厚薄不同，此宜植某物，亦皆有理。朱熹注意到从农业生产中总结经验，他的"因地制宜"思想反映了当时农业发展的水平。又如朱熹用"理"解释天高、地深、鬼幽、神显的原因时说：

天地之所以高深，鬼神之所以幽显，公且说天是如何独高，盖天只是气，非独是高。只今人在地上，便只见如此高，要之他连那地下亦是天。天只管转天旋去，天大了，故旋得许多渣滓在中间。世间无一个物事恁地大。故地恁地大，地只是气之渣滓，故厚而深。鬼神之幽显，自今观之，他是以鬼为幽，以神为显。鬼者阴也，神者阳也。气之屈者谓之鬼，气之只管恁地来者谓之神。天之所以高、地之所以深、鬼之所以幽、神之所以显，这是由于其间的"理"（事物的本质属性）所决定的。这表明了朱熹对自然现象富有科学精神的解释。再如，朱熹认为日常生活中的"小道"亦有"理"在。

名物度数皆有至理存焉，又皆人所日用而不可无者。游心于此，则可以尽乎物理，周于世用。这就是说，天下之事，莫不有理。这"事中之理"，不是与现实客观世界毫无任何关系的超越性存在，而是富于现实客观世界之中的超越性存在。这重意义的"理"，就是作为客观经验的理。为了探究这种客观经验之"理"，朱熹提出了"格物穷理"的认识论。

朱熹"格物穷理"的认识论思想，包括三方面内容。

（1）"认知"观

朱熹的"认知"观包括四个要点："格物"、"穷理"、"致知"、"积累"。其中，"穷理"是认知观的核心；而"穷理"不能离开"格物"，"格物"是"穷理"的前提；"穷理"又必须穷至其极，即达到"致知"；"积累"（"贯通"）是格物穷理的具体方法和程序。它们互相连接，层层递深，构成了朱熹完整的"认知"观。

何渭"格物"？

关于"格物"，朱熹认为"格"有两层意思。一层意思是"至"或"到"。他这样说：

问："格物还是事未至时格，事既至然后格？"曰："格是到那般所在地，有事至时格的，也有事未至时格底。"

格物，格犹至也，如舜"格于文祖"之格，是至于文祖处。"格"，就是要"至其极"，"到那般所在"，譬如南剑人到建宁县去，到了县境，不能叫"至"，只有到了"郡厅上"，才是"至"。

"格"的另一层意思是"尽"或"穷"，即穷尽。朱熹讲，"理"有十分，穷得两、三分不行，八、九分也不行；花有十瓣，已知五瓣，尚有五瓣未知，就是不尽，只有"格尽物理则知尽"。因此，"要见尽十分方是格物，既见尽十分便是知止。"

"物"在朱熹哲学中指一切事物，凡天地之间，眼前所接之事，皆是物。他说：

圣人只说格物二字，便是要人就事物上理会。且自一念之微，以至事事物物，若静若动，凡居处饮食言语，无不是事。这表明，"物"不仅指客观的物质实体，如天地日月，草木山川，亦指人类的活动事为，还包括人的某些思维念虑在内。朱熹认为，当人检省内心的念虑时，被反省的念虑也是人的思维对象，也属于格物的范围。这就是说，一切可以被人们当做思维对象的都属于被格的"物"的范围。

虽然朱熹把人心之念虑也算作被格之"物"的范围，但这决不占主要地位。为此，他坚决反对以"格物"为"格心"的思想。一次，他的学生问他：有人说"格物"，"物"是"心"，必须"格住此心"。这样说对吗？朱熹回答道："这种人都是不曾认真读圣贤之书，只把自家的心先顿放在这里，却捉圣贤说话压在里面。"所以，他坚决反对把"格物"归结为反省内求。他说：

格物须是到处求、博学之、审问之、谨思之、明辨之，皆格物之谓也。若只求诸己，亦恐有见错处，不可执一。这表明朱熹的"格物"说强调对外在对象的考察了解，正是作为"只求诸己"的对立主张而提出来的。

实际上，朱熹特别强调"格物"就是"即事即物"。他对学生讲：作为经典的《大学》不说穷理，只说格物，就是要人们就事就物来理会。因为理是悬空无处可捉摸的，但在那形而下之器（物、事）中便可寻到那形而上之理，这就是"即物穷理"。他又把"格物"生动地比喻为"吃果子"。他说：人们吃果子，要先去其皮壳，然后食其肉，进而，再将那中间的果核咬破。若不咬破，唯恐里面别有一番滋味。若是不去其皮壳，固不可。若只去其皮壳，不管里面的核子，亦不可。所以，格物就是由表到里、由浅入深地接触事物，各极其至，穷到尽头，就把握住了果子的理。

这表明，朱熹认为"格物"的基本精神是"穷理"。"格物穷理"就是要求人们通过对外在对象的考究以把握其中的义理。因为"理"普遍存在于一切事物之中，天下事物无论精粗大小高下贵贱莫不有理。朱熹说：

上而无极太极，下而至于一草一木昆虫之微，亦各有理。一书不读则阙了一书道理，一事不穷则阙了一事道理，一物不格则阙了一物道理。

盖天下之事皆谓之物，而物之所在莫不有理，且如草木禽兽，虽是至微至贱，亦皆有理。大而天地阴阳，细而昆虫草木，皆当理会，一物不理会，这里便缺此一物之理。这些思想表明，朱熹认为格物的对象是极其广泛的。天下事物莫不有理，理之所在皆所当格。

具体讲，朱熹的"穷理"思想包括两大类：一类是"穷所当然之则"，另一类是"穷所以然之故"。所当然之则指人的行为规范，所以然之故指事物的所以道理。

天下之物则必各有所以然之故，与其所当然之则，所谓理也。

穷理者，欲知事物之所以然与其所当然者而已。知其所以然故志不惑，知其所当然故行不谬。这里的所以然之故，一般说来常指事物的本质、属性、规律以及各种过程的机制。所以，朱熹"格物穷理"的思想，确实具有以当时的科学知识和理论对自然现象进行客观的解释，力图了解事物的本质和规律的积极因素。

当然，上面所讲的所当然之则，主要是指道德准则和礼节规范。从这一角度来看，"格物穷理"就是要把握道德的准则和一般原理，并努力将这一道德准则付诸实践。如朱熹说：

格物，是穷得这事当如此，那事当如彼。如为人君，便当止于仁；为人臣，便当止于敬。又更上一著，便要穷究得为人君如何要止于仁，为人臣如何要止于敬，乃是。

君臣、父子、兄弟、夫妇、朋友，皆人所不能无者，但学者须要穷格得尽。事父母，则当尽其孝；处兄弟，则当尽其友；如此之类。须是要见得尽，若有一毫不尽，便是穷格不至也。

这重意义的格物穷理符合于格物致知的本来意义，即格物穷理的目的是正心诚意，明明德，止至善。朱熹格物穷理的落脚处便是"使吾心之全体大用无不明"的道德境界。这也正是朱子学之所以能够成为中国封建社会后期官方哲学的一个重要原因。就是说，朱熹的格物穷理学说首先是为士大夫和官僚阶级提供一种旨在最终提高人的道德境界的修养方法。

朱熹认为，穷理必须穷至其极。所谓穷至其极，就是"致知"。在朱熹哲学中，关于"致知"的意义，他说：

至，推极也；知，犹识也。推极吾之知识，欲其所知无不尽也。知者，吾自有此知。此心虚明广大，无所不知，要当极其至耳。

致知所以求为真知，真知是要彻骨都见得透。

这里，"致"字是"推致"的意思，就是"推开去"，譬如暗室中见些光明处，便寻此明处去，忽然出到外面，见得大小光明，人之致知亦如此。"知"字不仅指认识主体的认识能力（知觉），而且也指认识的结果（知识）。而"致知"就是"推极吾之知识，欲其所知无不尽也"；其实，朱熹所说的"致知"就是指认识主体通过考究事物之理，在主观上得到的知识扩充的结果。在这重意义上，"致知"就是人的认识实践在主体方面获得的最大知识成果。所以，朱熹认为，若没有格物穷理，就不会有主体自身知识的扩充即"致知"。他的这一思想，在《语类》中是这样记载的：

问：致知是欲于事理无所不知，格物是格其所以然之故，此意通否？曰：不须如此说，只是推极我所知，须要就那事物上理会。致知是自我而言，格物是就物而言。若不格物，何缘得知？而今人也有推极其知者，却只泛泛然竭其心思，都不就事物上穷究，如此终无所止。义刚曰：只是说所以致知必在格物？曰：正是如此，若是极其所知，去推究那事物，则我方能有所知。这些话表明朱熹认为，格物穷理的结果是致知。致知是"极其所知"，是穷理的极尽处。为此，关于"格物"与"致知"的关系，朱熹说道：

格物只是就一物上穷尽一物之理，致知便只是穷得物理尽后我之知识亦无不尽处，若推此知识而致之也。

此其文义只是如此，才认得定，便请以此用功，但能格物则知自至，不是别一事也。朱熹指出，格物就是努力穷究事物之理，而当人们通晓事物之理后，人的知识也就完备彻底了。这就是致知。所以，他把"格物"与"致知"的关系，概括为"格物所以致知"。这是指，一方面格物以致知为目的；另一方面致知是在格物过程中自然实现的。朱熹说："格物所以致知，于这一物上穷得一分之理，即我之知亦知得一分；于物之理穷二分，即我之知亦知得二分；于物之理穷得愈多，则我之知愈广。"又说："格物可以致知，犹食而所以为饱也。"他通俗而形象地把"格物"与"致知"的关系比喻为吃饭与食饱。格物愈广，则穷理愈尽，即可致知。

关于格物致知的次第，即格物致知的具体方法是"积累"和"贯通"。即朱熹反复强调，程颐讲过多次的"今日格一件，明日格一件，积习既多，然后脱然自有贯通处"。"积累"可"达到"贯通，"贯通"须逐步"积累"。

朱熹认为，由格物到致知，要有一个通过"积累有渐"而到"豁然贯通"的过程。因为朱熹反对格一物，则万理通的主张。《语类》记载：

问：一理通则万理通，其说如何？曰：伊川尝云，虽颜子亦未到此。天下岂有一理通便解万理皆通？也须积累将去。如颜子高明，不过闻一知十，亦是大段聪明了。学问却有渐，无急迫之理。有人尝说学问只用穷究一个大处，则其他皆通，如某正不敢如此说。须是逐旋做将去，不成只用穷究一个，其他更不用管，便都理会得，岂有此理！

这道理不是只就一件事上理会见得便了，学时无所不学？理会时却是逐件上理会去。今公就一线上窥见天理，便说天理只恁地了，便要去通那万事，不知如何得，萃百物然后观化工之神，聚众才然后知作室之用。朱熹的由"积累"到"贯通"主张，符合人类认识发展的历史。从人们的认识进程来说，都是一个由不知到知和由知之不多、不深到知之较多、较深的历史过程。所以，朱熹对"积累"到"贯通"的过程，这样说：

穷理者，非谓必尽穷天下之理，又非谓止穷得一理便到，但积累多后，自然脱然有悟处。

一物格而万理通，虽颜子亦未至此，唯今日而格一物焉，明日又格一物焉，积习既多，然后脱然有贯通处耳。一点一滴，日积月累的结果，是"脱然有悟处"、"脱然有贯通处"，这就是"贯通"。然而，从"积累"到"贯通"，既不是"神"意，也不是人为，而是一个自然而然的过程。譬如读书，今天看一段、明天看一段，逐渐积累，便会自然贯通。

同时，朱熹还指出，从"积累"到"贯通"，必须具备两个条件：

一是格一物或理会一事，必须"穷尽"和"理会得透"。他说："只是这一件理会得透，那一件又理会得透，积累得多，便会贯通。""如此积之以久，穷理益多，自然贯通，穷理须是穷得到底方始是。""理会得透"，就是对一物之理要体验得透彻。"穷理益多"，"穷理须是穷得到底"，就是指在多格物穷理的基础上，要对理穷尽，只有对理体验透彻、穷尽，才能达到贯通。

二是必须花力气，用工深。朱熹说："举一而反三，闻一而知十，乃学者用功之深，穷理之熟，然后能融会贯通，以至于此。"工夫用得深，理穷得熟，不怕麻烦，不急求成，这样，铢积寸累，工夫到后，自然贯通。

在具备这两个条件的基础上，朱熹认为通过由近而远、由浅入深、由粗到精的反复，人们的认识，便由"积累"而到"贯通"。

（2）"知识"观

朱熹在"格物致知"、"积习贯通"的认识过程中，进一步探讨了知识的来源问题。

人的知识是从那里来的？程颐认为有两种，一是"德性之知"，一是"见闻之知"。他所谓的"见闻之知"，是物与物交，从感官和外物的交相作用中得来的，而"德性之知"，却不是从与外物的接触中得来的，是先天固有的。在知识的来源问题上，似乎是一个二元论者。朱熹为避免这种二元论，很少引用"德性之知"与"见闻之知"这个词，但他的思想不仅与程颐一致，而且还有所发展。

关于人生来即有的知识，朱熹在《语类》中说：

物莫不有理，人莫不有知。如孩提之童，知爱其亲；及其长也，知敬其兄；以至饥则知求食，渴则知求饮，是莫不有知也。孩提之童，无不知亲其亲，及其长也，无不知敬其兄，其良知良能，本自有之。

朱熹认为，先天的知识是人与生俱来的。他在这里利用了人们在生活中最简单、最普通、最习以为常的"爱亲"、"敬兄"、"知求食"、"知求饮"等现象，为知识生来就有作论证。

同时，在知识来源问题上，朱熹并不否认"见闻之知"。由此，展开了关于认识诸形式的探讨，如"知觉"、"心思"等观念的含义及其相互关系的学说。

"见闻之知"是如何发生的？"知觉"就是"见闻之知"发生的

一种形式。何为"知觉"?朱熹引程颐的话说:"知是知此事,觉是觉此理"。这是说,"知"是与事物接触,而获得对此一事的了解;"觉"是在"知"基础上,心中有所觉悟。即对此一事不仅有所了解,而且有一定的见解,形成了关于此一事物的整个形象,这就是"知觉"。所以,朱熹所谓的"知"与"觉",相当于"感觉"与"知觉",它是属于感性认识的形式,它所反映的是客观对象的外部形象。在朱熹的认识逻辑结构中,属于"今日格一事"、"明日格一物"的"积累"阶段。对于由"知觉"所获得的感性材料,还需要经过由"浅"入"深"、由"粗"到"精"、由"表"及里"的过程,这个过程,"知觉"是不能完成的,它必须依赖于"心思",才能达到"豁然贯通"。

关于"心思"及"知觉"的关系,朱熹在解释"心之官则思"时是这样说的:

官之为言司也:耳司听,目司视,各有所取而不能思,是以蔽于外物。既不能思而蔽于外物,则亦一物而已。又以外物交于此物,其引之而去不难矣。心则能思,而以思为职,凡事物之来,必得其职,则得其理,而物不能蔽。失其职则不得其理,而物来蔽之。此三者,皆天之所以与我者,而心为大。若能有以立之,则事无不思,而耳目之欲不能夺之矣。

这段话包含了这样几层意思:

一是耳、目等感觉器官是分工管听和视的,它直接与外物相接触,外物通过耳、目等感觉器官使人们获得"知觉"。

二是"心"是能思维的器官,它与耳、目等感觉器官不同,是专管"思"的。当外物之来,通过耳、目等感觉器官而得到关于该外物的感性认识,"心得其职",即经过心的思考,而获得对于外物的"理"（道理、规律）的认识。

三是由于耳、目不能"思"，而不能辨别外物的善恶、邪正，因而，往往被外物所蔽，不能获得对外物的正确认识，所以，它能够被外物所引诱，而成为产生私欲和邪恶的中介。但心能"思"，能够辨别外物的善恶、邪正，因而不仅不会被外物所蒙蔽，而且能够"思得其理"，获得正确的认识。

四是耳、目、心此三者作为感觉器官和思维器官来说，是"天"给的，即"理"与"气"合而成的。"心"与耳、目相比，"心"是主要的，即"心思"与"知觉"相比，如果"知觉"为认识的初级阶段的话，那么，"心思"则是认识的高级阶段。

五是从"知觉"而达"心思"，即由"积累"到"豁然贯通"，是由量变到质变的认识过程。所以，"心思"依赖于"知觉"，"知觉"有待于"心思"，两者既有区别，而又统一。这个统一，不仅表现了它们相互依赖和相互转化，"知觉"转化为"心思"，而且也表现为相互渗透。在人们的实际认识过程中，"知觉"和"心思"是相互胶着在一起的，"知觉"中有"心思"，"心思"中有"知觉"，不能截然相离或划一条鸿沟，从而促进认识由低向高，由浅入深的发展。

（3）"知行"观

朱熹在探讨了"知觉"和"心思"的关系后，进一步探讨了"知"与"行"的关系问题。关于"知"、"行"关系，朱熹讲了这样几层意思：以先后论，知先行后；以轻重论，行重知轻；同时，"知"、"行"又相须互发、不可偏离。

（1）"知先行后"说

朱熹所说的"知"，与上述"知"的意义一样，"行"是按

朱　熹

"知"得的"理"去践行之意。关于"知先行后"，朱熹是这样说的：

夫泛论知行之理，而就一事之中以观之，则知之为先，行之为后，无可疑者。

知与行工夫，须著并到……然又须先知得方行得，所以《大学》先说"致知"，《中庸》说"知"先于"行勇"，而孔子先说"知及之"。

故圣贤教人，必以穷理为先，而力行以终之。

"知先行后"，不仅是无可怀疑的真理，而且其次序也是固有的，不可"躐等"的。他说："今就其一事之中而论之，则先知后行，固各其序矣。"因此，他在《白鹿洞书院揭示（学规）》中写道："博学之，审问之，谨思之，明辨之，笃行之。""学、问、思、辨四者，所以穷理也。""穷理"是属于"知"的范围。先"学"、"问"、"思"、"辨"，即"知"，后"笃行"，这就是"为学之序"。它是不能颠倒的。如果"有以行为先之意，而所谓在乎兼进者，又若致知力行，初无先后之分也，凡此皆鄙意所深疑。"他是很反对的。由此，他进一步论证了"知先行后"的几层含意：

一层含意是，"知得方行得"。"知"是"行"的基础和根据。他说：

便要知得到，若知不到，便都没分明，若知得到，便注定恁地做，更无第二著第三著。

前而所知之事，到得会行得去，如平时知得为子当幸，为臣当忠，到事亲事君时则能思虑其由折精微而得所止矣。

但下学，须是密察。见得后，便泰然行将去。"知"得到后，便凭着所"知"去做，如"知"得为子当孝，为臣当忠，就按孝、忠去事亲事君。如果离"知"以言"行"，义理不明，就去践履，便会坠入"空寂"。黄幹在《语类》中记载了这样一件事：有个叫王子充的人诘难："我在湖南遇见一位先生，他只教人践履。"朱熹反诘说："义理还没明白，如何践履？"王子充说："只要行，就能获得知识。"朱熹便以程颐认路走路的道理，回答说："譬如人走路，不先知得路，怎么走路？"批评"教人践履"，是标新立异。朱熹认为，如果专讲践行，不先明白"义理"，践行就没有目标，即所谓"经不正，理不明"，都是"空"的了。

另一层含意是，"既知则自然行得"。没有既"知"而不能"行"，"行"必须依赖于"知"。朱熹这样说：

既知则自然行得，不待勉强，却是知字上重。只要"既知"，自然见诸"行"，而不需勉强。"知"必"行"，"行"必待于"知"。知之愈明，穷理愈深，则"行"愈笃，而无过之不及的弊病。无"知"而"行"，或穷理不深，便是"硬行"或"冥行"，其结果是"失之于野"。他说："力行而不学文，则无以考圣贤之成法，识事理之当然。而所行或出于私意，非但失之于野而已。"这种"力行"而不"学文"、不识"理"的后果，不仅有害于"圣贤之成法"，而且在理论上倒置"行得便见得"的行先知后论，与其"知先行后"说发生矛盾。因此，他把"行得"（行）紧紧地拴在"既知"（知）的基础上。

第三层含意是，"知之而行未及之"，"知"而不"行"。即知行脱节和不一的原因是因为"知未至"或"知尚浅"。朱熹这样写道：

论知之与行。曰：方其知之而行未及之，则知尚浅。

周震亨问知至诚意云：有知其如此而行又不知此者，是如何？曰：此只是知之未至。所谓"知未至"和"知尚浅"，在朱熹思想中属于"略知"阶段，而未达"真知"，因而"知"、"行"脱节，"知"了不作。他举例说，有人晚间吃老鼠药而中毒，几乎要死，这是因为"不曾真知砒霜能杀人"，所以尝鼠药，而知行脱节。他认为"真知"不是在"略知"之外去寻求什么"真知"，而是在无数"略知"的基础上着实体验。此着实体验，朱熹同意程颐的观点："一人曾为虎所伤，因言及虎，神色便变。旁有数人，见他说虎，非不知虎之猛可畏，然不如他说了有畏惧之色，盖真知虎者也。学者深知亦如此。"被虎咬伤的人与未被虎咬伤人的体验是不同的。这是"真知"与"略知"的区别。而"真知"必能"行"，"略知"会使知行脱节。

朱熹从知行的相互依赖、相互联系和脱节诸方面，论证了"知先行后"说。

（2）"行重知轻"说。关于"行重知轻"，朱熹是这样说的：

论先后，知为先；论轻重，行为重。

致知力行，论其先后，固当以致知为先。然论其轻重，则当以力行为重。"行"之所以"重"，"知"之所以"轻"，在朱熹看来，有三方面的依据：

一是"知易行难"。程颐修正了《尚书》中"知之非艰，行之惟艰"的儒家传统说法，提出了"行难知亦难"的主张，他说："故人力行，先须要知，非特行难，知亦难也。《书》曰：'知之非艰，行之惟艰。'此固是也，然知之亦自艰。"朱熹又修正了程颐的"行难知亦难"之说，进一步发挥"知易行难"说，《语类》是这样记载的：

虽要致知，然不可恃。《书》曰："知之非艰，行之惟艰。"工夫全在行上。

这个事，说只消两日说了，只是工夫难。这里，朱熹坚持"知之非艰，行之惟艰"的"知易行难"说，强调"行"的工夫难。他举例说，如果"行"不难，为什么孔子的七十多弟子跟随孔子多年却不肯离去呢？因为两日说完的知识，躬行起来，几年也未必做好。所以是知容易，行艰难，二是"力行是明理之终"。"知"的目的是为了"行"。朱熹说：

为学之功，且要行其所知。

故圣贤教人，必以穷理为先，而力行以终之。"知"是为了"行"，"明理"，即明封建道德义理的目的，是为了在日用之间履行，将封建道德义理渗透到人们的每一个行动之中。因此，"行"为"重"，"知"为"轻"。

三是"行"是检验"知之真不真"的标准。朱熹说：

欲知知之真不真，意之诚不诚，只看做不做，如果真个如此做底，便是知至意诚。朱熹所说的行是检验真知的标准，其"行"主要是指道德的践履，而他所谓的"真知"，则是"心"与"理"在自身心中的合一，即"心"的自我印证。但他看到了"行"是检验知的标准。这一思想是符合客观认识实际的。因此，朱熹提出，如"知善"而不"行善"，则是不真知善。这表明了"行"重"知"轻。

（3）"知行互发"说。

如果说"知先行后"、"行重知轻"，从不同角度论证了"知"与"行"的区别及其主次关系的话，那么，"知行相须互发"则从二者的互相联结、互相促进方面作了论述。

第一，"知行相须"一相互联结。

朱熹说：知行常相须，如目无足不行，足无目不见。

知与行工夫，须著并列……二者皆不可偏废，如人两足，相先后行，便会渐渐行得到，若一边软了，便一步也进不得。"知"与"行"犹如人之"两足"及眼睛与足的关系，有眼没有足不能走路，有足没有眼看不见路，两者相互依赖，不可偏废。

第二，"知行互发"——相互促进。

朱熹把"知行"促进，比为人之两脚。左脚行，右脚止；右脚行，左脚止。左右两足，相互促进，才能交替前进。他以这个道理说明："知之愈明，则行之愈笃；行之愈笃，则知之益明。"知行相互作用、相互促进，从而使"知之浅"、"行之小"向"知之深"、"行之大"发展。

在哲学认识论中，朱熹吸收了自然科学的成果，强调通过"格物"来"穷理"，因而，在客观上揭示了人们认识的过程。在"格物穷理"过程中，又论述了"积累有渐"到"豁然贯通"和关于认识的诸形式及"重行轻知"、"先知后行"和"知行相须互发"等认识问题。

3. 尽性明理论

在人性论和伦理论方面，朱熹的理本论哲学反映为"尽性明理"。这是因为朱熹哲学思想中的"理"范畴，除了具有"本体"、"实理"的意义外，还是一个作为伦理道德的范畴。朱熹伦理道德之"理"的内涵，包括这样三个方面内容：

第一个方面，"理"是"三纲五常"。"三纲"（君为臣纲、父为子纲、夫为妻纲）和"五常"（仁、义、礼、智、信）是汉

代大儒董仲舒提出的封建伦理道德的标准，也是中国儒家学说成圣的准则。朱熹认为"理"是封建伦理道德的体现，是衡量是否成圣的标尺。所以，他写道："所谓天理（理），复是何物？仁、义、礼、智，岂不是天理？君臣、父子、兄弟、夫妇、朋友岂不是天理？"这样，仁、义、礼、智四德及臣忠、父慈、子孝、兄弟悌、夫妇敬皆是"天理自然"。由此，使中国封建伦理道德成为一种理所当然、天经地义的道德。

第二个方面，理是"心之本然"。朱熹说："盖天理者，此心之本然，循此则其心公且正。"这里的"心之本然"，是指"心"未有思虑之萌和遇物而感时的未发状态，即心的"公"、"正"状态。"公"、"正"之心，就是圣人之心。在朱子学中，循理而行、依理而作，是得到这种心的途径，也是通往成圣的津梁。

第三个方面，理是"人性之善"。在中国历史上，自孟子提出"性善"说以后，一般都将"性善"视为圣人的完美道德，看作符合封建伦理标准的品德。在人性问题上，朱熹继承并发展了孟子的人性善思想，认为"性即天理，未有不善者也。"这就是说，理是性为善。在朱子学中，由于"理"是天下万物的"所以然之故"（即事物为什么如此的原因），所以，朱熹关于"性善"便是"理善"的诠释，从根本上解决了人性善的来源问题。

朱熹"尽性明理"的人性论和道德论，其具体内容包括性与理、心与理、欲与理等。下面，分别详述。

（1）性与理

何谓"性"？朱熹在《中庸章句》开章，对"天命之谓性"作注说：

性即理也，天以阴阳五行化生万物，气以成形，而理亦赋焉，犹命令也。于是人物之生，因各得其所赋之理，以为健顺五常之德，所谓性也。

这表明"性"是与生俱来，得所赋之"理"。由于"性"即"理"，所以"性"是形而上者。朱熹说："性者，人之所得于天之理也；生者，人之所得于天之气也。性，形而上者也；气，形而下者也。"朱熹自然哲学领域中的"理"与"气"的形而上、下关系，在人性论中便成了"性"与"气"的形而上、下关系。这样，形而上的"性"是"天理"，是本体。由此，朱熹将人性论提高到了哲学本体论高度。作为哲学本体的"性"，其内涵是"仁"、"义"、"礼"、"智"。而"性"与仁、义、礼、智的关系则为，"性"是总名，仁、义、礼、智都是"性"中之"理"。"性是理之总名，仁、义、礼、智皆性中一理之名。"从这个意义上讲，仁、义、礼、智为"性"之体。既然朱熹以"性"的内涵为"仁"、"义"、"礼"、"智"，那么，从本质上讲，他以"性"为"善"，是性善论者。但为了解决"恶"的来源问题，朱熹又对中国古代性善与性恶问题的争论，进行了评判。

关于孟子的"性善"论。孟子认为人性都是善的，人性之善就犹如水之向下一样，水无有不往下流的，人性没有不善的。对于这种观点，朱熹认为：孟子讲"性善"，是从"大本"上说的，即只知有"天命之性"的"善性"，而不知有"气质之性"的"性恶"，因此，不能从理论上说明"恶"从哪里来的问题。所以，孟子的"性善"论是不全面的。

关于荀子的"性恶"论。荀子认为人的本性是恶的，因为顺着人性，便是"目好色，耳好声，口好味，心好利，骨体肤理好愉逸"。而所谓的善者，不过是伪装的罢了。朱熹评判这种理论之失是只论"气"，不讲"性"；只讲"气质之性"，而不知有"至善"的"天命之性"。所以，荀子也讲不清人性以及"善"从何而来的问题。

既有"性善"、"性恶"的主张，于是便有扬雄的"善恶混"出来，企图调和孟、荀之论争。扬雄讲，人性中有善有恶，善恶之分在于修养什么。朱熹以为这种讲法是把"性"分为"半上"和"半下"，即半形而上，半形而下，也可称为半善半恶。其实质与荀子一样，也是只讲"气"，不论"性"。朱熹说，如果不讲"性"，其结果是以"恶"的人性蒙蔽了"天理"，这无疑是要害大事的。

鉴于以上三种人性论，又出现了一种"无善无恶"论。朱熹指出，这种说法由于不知"性之所以为性"，而认为"无善无恶"论高明，自以为"得性之真"，其实质，这是陷入佛教说法。

在对以上种种观点评判的基础上，朱熹主张用"天命之性"和"气质之性"从理论上解决性善、性恶的来源问题。

朱熹把"性"区分为"天命之性"和"气质之性"的思想，来源于张载和二程的人性论学说。

把"性"区分为"天地之性"（又称"天命之性"、"义理之性"、"本然之性"）和"气质之性"，首见于张载的《正蒙·诚明篇》。他说，"天地之性"是本源，是人和物未生之前所共有的本性；"气质之性"是人生后与每人的生理、身心相结合的具体本性。张载这一思想又被二程所采纳。他们认为，"天命之性"即"理"，"自性而行皆善也，圣人因其善也，则为仁、义、礼、智、信以名之。""气质之性"为"气"，"牛之谓性，性即气，气即性，生之谓也。……有自幼而善，自幼而恶，是气禀有然也。"人性的"善"与"恶"是"气禀"（即禀气不同）造成的。朱熹继承了张、程"天地之性"和"气质之性"的观点，并有所发，有所见。

关于"天命之性"，朱熹说："论天地之性，则专指理言。"《语类》也记载："某问：天命之谓性，只是主理言，曰：极是，极是。"这里的"天地"、"天命"的"天"，不是指有意志的"天"，而是指"理"。所以，"天命之性"是专言"理"的。而本体"理"是最高、最完美的精神实体，因此，它印到各个具体事物中也是完善尢缺的。这样，专指"理"言的"天命之性"就是至善的、完美无缺的了。那么，"纯粹至善"的"天地之性"是否也有"偏"、"全"的问题呢？对此，朱熹回答说：

非有偏全。谓如日月之光，若在露地，则尽见之，若在蔀屋之下，有所蔽塞，有见有不见。

天命之性，本未尝偏，但气质所禀，却有偏处。这里的意思是，从"天命之性"自身讲，是不存在"偏"、"全"问题的，但从禀受"天命之性"的具体人来说，却有"偏"、"全"。犹日光和月光，在露地或在蔀屋，便有见不见的问题。而造成这一现象的根本原因，是在"气质之性"。

朱熹认为，由于"气质之性"是"理"和"气"相杂构成，这样便决定了"气质之性"的"善"、"恶"两重性质。朱熹讲：

天地间只是一个道理，性便是理，人之所以有善有不善，只缘气质之禀，各有清浊。可见，人性"善"、"恶"的关键是"气质"。关于"气质"，朱熹有自己的解释："性"只是"理"。这个"理"，如没有"天气地质"则没有安顿处。"气质是阴阳五行所为"。其中，"阴阳"是"气"，'五行'是"质"。阴阳之"气"

行于"天"，五行之"质"行于"地"，这就是'天气地质'。然而，由于天气地质的运行，便会产生"善"、"恶"的不同。朱熹是这样解释的：

二气（天气）五行（地质）始何尝不正，只兖来兖去，便有不正。

人所禀之气，虽皆是天地之正气，但兖来兖去，便有薄厚之异。这表明，人的'善'、"恶"便是禀"天气"（阴阳二气）"地质"（五行）而定的。这就是朱熹的"气禀确定"论。

所谓"气禀"，是讲当"理"降生形气，构成人的时候，人都存在着一个"气禀"问题。由于"气"有清浊之分，所以，若禀得清气则"正"，若禀得浊气则"偏"。"正"、"偏"又决定了人性的"善"、"恶"《语类》载有：

问："子罕言命，若仁、义、礼、智、五常，皆是天所命。如贵贱、死生、寿天之命有不同，如何？

曰："都是天所命，禀得精英之气，便为圣为贤，便是得理之全，得理之正。禀得清明者便英爽，禀得敦厚者便温和，禀得清高者便贵，禀得丰厚者便富，禀得长久者便寿，禀得衰颓薄浊者，便为愚、不肖，为贫、为贱、为天。"倘若是"清明之气"或"精英之气"形成的人，他就"禀气"清明纯粹，而没有丝毫浑浊的混杂，这就是"得理之全"或"得理之正"，这样，"善端所发，随其所禀之厚薄，或仁或义或孝或悌"，由"仁"、"义"发而"恻隐"、"羞恶"之心，由"孝"、"悌"发而"辞让"、"是非"之心。这种人就是具有"善性"的圣人或贤人。反之，如果是由"衰颓薄浊"之气构成的人，就是禀气"偏"，那就是愚昧无知的人，"不肖"的人，也就是性之"恶"的人。

不仅人性善、恶由"气禀"所定，而且人的贵贱、贫富、寿夭、聪明愚笨等，也都决定于"气禀"。禀气"清"而"高"者，就会"贵"；禀气"丰厚"，就会"富"；禀气"长久"，就会"长寿"；禀气"清明"，就"聪明"……反之，则"贱"、则"贫"、则"短夭"、则愚笨。

朱熹"气禀有定"说的主旨，在于论封建社会上下尊卑等级差别的合理性。圣人和众人、贤者和下民之间的差异，不是人为的，是由"气禀"所定的。因此，又是不可移易的，不变的。

(2) 心与理

在朱熹哲学中，与"天命之性"和"气质之性"相对应的范畴是"道心"和"人心"。而"道心"与"人心"又统一于"心"。从其理本体哲学意义上看，则"心"相当于"理"，"一心具万理"，"理即是心，心即是理"，"吾以心与理为一"。"心"具众理。"心"即"理"。但"心"既容纳"理"，然"气禀物欲之私"也出于"心"，《语类》记载：

问："心之为物，众理具足，所发之善，固出于心，至所发不善，皆气禀物欲之私，亦出于心否?"曰："固非心之本体，然亦是出于心也。"这表明，"心"是"理"，"理"是"天理"，它是没有"物欲之私"的，而以"气禀物欲之私"也出于"心"，这则与"理"有异。为此，"心"又分为"道心"和"人心"。

所谓"道心"，朱熹认为，"道心"出于"天理"。他说："道心者，天理也。""道心天理，故精微。惟精以致之，唯一以守之，如此方能执中。"因此，可以说"道心"生于"天理"。"道心"既出于"天理"，便无疑包含有"理"在里面。"道心者，兼得理在里面，惟精而无杂，唯一是始终不变，乃能允执厥中。"

"道心"生于"天理","天理"便是"道心",也可说"道心全是天理"。

"道心"既为"天理",则凡属"义理"的才是"道心"。"道心是本来禀受得仁义礼智之心","知觉从义理上去,便是道心"。因此,"道心"就是一种从"义理"上生出来的"见识"。"道心"出于"义理"或"生于义理",有这样两方面的意思:一是以禀受仁、义、礼、智,而发为"恻隐"、"羞恶"来说,恻隐、羞恶、是非、辞逊就是"道心";另一方面从君臣、父子等伦常关系来说,"知觉从君臣父子处,便是道心"这就是说,"道心"是仁、义、礼、智、恻隐、羞恶等"义理"之心。

如是,则"道心"是"善"的。由于"道心"得"天地之正",发"义理之公",所以,它与"天地之性"一样,是"至善"的。这至善的"道心",惟圣人才具有。《语类》载有:

问:"圣人亦有人心,不知亦危否?"曰:"圣人全是道心主宰,故其人心自是不危。"就是说,"道心"是圣人所具有的,但是,圣人也不可没有"人心",因为圣人也需要饥食寒衣。"虽圣人不能无人心,如饥食渴饮之类……但圣人于此,择之也精,守得彻头彻尾。"

"道心"是至善的,为圣人所具有的心;"道心"是出于"天理",得"性命之正"的心;"道心"是"生于义理",为仁、义、礼、智之心。这就是朱熹对"道心"的规定。

所谓"人心",朱熹认为它出自于"形气之私"。关于"形气之私",朱熹在《语类》中有这样一段说明:

问:"或生于形气之私?"曰:"如饥饱寒暖之类,皆生于吾身血气形体,而他人无与,所谓私也。亦未能便是不好,但不可一向徇之耳。"朱熹把人们饥则求饱，寒则求暖的生理要求，说成是"形气之私"。而在朱熹看来，"饥思食"、"寒思衣"就是"人欲"，所以，"人心"就是"人欲"。"人心者，人欲也，危者，危殆也。""人心"就是"人欲"，是不好的。但圣人也有"人心"，因此不能简单地说"人心"不好。应该说"人心"是兼"善恶"。

朱熹是这样认为的：

问："心之为物，众理具足，所发之善，固出于心，至所发不善，皆气禀物欲之私，亦出于心否？"曰："固非心之本体，然亦是出于心也。"又问："此所谓人心否？"曰："是"。

子升因问："人心亦兼善恶否？"曰："亦兼说。"这表明，朱熹认为"人心"有善、有恶。"人心"是出于"形气之私"的心，是"气血和合做成"的心，是"人欲之私"，是有善、有恶的。这是朱熹对"人心"的规定。"人心"兼善恶，"道心"是至善的。这样，"道心"与"人心"两者既相互对立，又互相联系。

从其相互对立来说，两者的差别有二：一是来源不同，"道心"来自"性命之正"，"人心"来自"形气之私"；二是所以为知觉者不同，知觉从义理上去是"道心"，知觉从耳目之欲上去是"人心"；三是为善为恶不同，"道心"为善，"人心"有善有恶。由这些差别构成了"人心"与"道心"的矛盾。如饮盗泉之水，食嗟来之食，则是"人心"战胜"道心"；如使道心为一身之主，守其本心之正而不离，则是"道心"战胜"人心"。而到底谁能战胜谁，却决定于人们的修养。

从其互相联系来说，"道心"与"人心"两者"杂于方寸之间"，相互统一。"道心"是"义理"，需要通过"形气"的"人心"来安顿。为此，朱熹把"道心"和"人心"两者的关系喻为船与舵的关系。他说："人心如船，道心如舵，任船之所在无所向，若执定舵，则去住在我。"船无舵，则无所定向；舵无船，则无用。双方都以其对方的存在为条件，缺一不可。"道心"与"人心"相互依赖。

既相互依赖，又相互渗透。"道心"出于"人心"，"道心"在形气中；"人心"中也包含着"道心"，这就是人心中未便全不好的道理。两者是你中有我，我中有你，相互包含的。

虽然"道心"与"人心"相互依存、渗透，但还是有个主要与次要的关系。朱熹很强调这一点。他反复讲：

"道心"则是义理之心，可以为"人心"之王宰，而"人心"据以为准者。必使"道心"常为一身之王，而人心每听命焉，乃善也。

若是"道心"为王，则"人心"听命于"道心"耳。可见，"道心"与"人心"不是主客的平等关系，而是主从的隶属关系。即"道心"主宰"人心"，"人心"以"道心"为准绳。因而，"人心"被"道心"所节制。朱熹这一思想与他的理本论哲学是相通的。

(3) 欲与理

朱熹认为，如果"心"有"道心"、"人心"之异的话，则也有"天理"、"人欲"之别。他说：心有天理和人欲之别，二者一分，则公私邪正判明矣。这样，"心"又成为朱嘉"理欲"观的基础。

之所以这样说，是因为一方面朱熹把"理"（天理）视为"心之本然"。"心之本然"是指"心"未遇物而感时的中和状态。这时，心中浑然"天理"，而无一丝"人欲"之杂。这时，心是广大、高明、无累的。正是在这重意义上，朱熹把"本然之心"称为"天理"。

另一方面，朱熹又把"人欲"视为"心"的毛病，视为"恶的心"，视为"嗜欲所迷"的心，具体讲，他对"人欲"是这样论述的：

"人欲"是心之"疾疢"。朱熹说："人欲者，此心之疾疢，循之则其心私而且邪……私而邪者，劳而日拙，其效至于治乱安危，有大相绝者，而某端特在夫一念之间。""心之疾疢"，就是"心有毛病"。循此而行，其心就"私"、就"邪"。这是国家"乱"和"危"的根源。

"人欲"是"恶的心"。什么是恶的心？朱熹认为，所谓"恶的心"，就是"天理"、"恻隐"、"羞恶"的反面。他这样解释：如有人残忍，便是反了恻隐。自反了恻隐之心，便是自反其天理。倘若"恻隐"是"天理"，那么，"人欲"就是其反面，即残忍。所以，从本质上讲，"天理"（理）是"善"的，而"人欲"是恶的。人欲"是为"嗜欲所迷"。朱熹认为，不为物欲所昏，则浑然天强。而为"物欲所昏"，则是"人欲"。所以，只为嗜欲所迷，利害所逐，一齐昏了。"人欲"就是被物质的欲望所蒙蔽或迷惑，而产生的恶念。

那么，人为什么会被物质欲望所蒙蔽，而产生"物欲"或"私欲"呢？朱熹将其概括为三个方面的原因。

一是"气禀"所致。由于人生来所禀受的"气质"不同，所以具有人欲之私。朱熹说：

其气质有清浊偏正之殊，物欲有浅深厚薄之异。譬如禀得木气多，便温厚慈祥；禀得金气多，则少慈祥；而温厚慈祥者则能从"仁"上去作，"人欲"少；少慈祥者则不能从'仁'上作，"人欲"多。'气禀'不同，"人欲"有无、多寡亦不同。

二是耳目口鼻之欲所致。由于人的耳、目、口、鼻时刻与外界相接触，就不可避免地受"物欲"的牵累，譬如耳被好听的声音所牵累，目被鲜艳的颜色所迷惑，口被香甜的饮食所陶醉，鼻被芬芳的气味所引诱。这样，人就会被物欲、私欲所累，其结果是违礼害仁，"人欲"横流。所以，朱熹说：

然人有是身，刚耳目口体之间，不能无私欲之累，以违干礼而害夫仁。人而不仁，则自其一身莫适为主，而事实之间，颠倒错乱，盖无所不至关。在私欲的引诱下，人们不能克制自己，以至颠倒错乱了一定的规矩关系，违反了'礼'"，也失掉了"天理"。"失理"的结果是"人欲"的产生。

三是视礼不同所致。由于人们对孔子所说的"非礼勿视、非礼勿听、非礼勿言、非礼勿动"四条目的态度不同，导致"人欲"的多少、厚薄也不同。如果"非礼而视"，就是目欲害"仁"；"非礼而言"，就是口欲害"仁"；"非礼而听"，就是耳欲害"仁"；"非礼而动"亦然。总之，都是"人欲"害"仁"。所以，人们对于"礼"的态度不同（"复礼"或"非礼"）而引发"人欲"的产生。

值得注意的一点是朱熹对于"人欲"的规定，是对二程"人心"即是"私欲"的观念，作了两点修正和补充。

第一点是"人心"不完全是"人欲"，两者不能等同，因"人心"有善有恶，圣人亦具有，"人欲"则是"恶"的，是圣贤所不具有的。

第二点是"人欲"又不尽同于"欲"，两者不能混淆。在朱熹思想中，"欲"是指人们对于物质生活的正当要求和欲望。如饥而欲食，渴而欲饮，这种"欲"是不能没有的。可见，朱熹并不否认人们追求维持生存的物质欲望。为此，他讽刺佛教"无欲"的主张，就像"终日吃饭，却道不曾咬着一粒米，满身着衣，却道不曾挂着一条丝"那样荒诞可笑。因此。朱熹在讲"天理"与"人欲"之分的时候，甚至把人们延续生存条件的物质欲望也说成是"天理"。《语类》记载：

问："饮食之间，孰为天理，孰为人欲？"曰："饮食者，天理也；要求美味，人欲也。"在这里，他把人们对日常饮食的要求，说成是"天理"；把"要求美味"，说成是"人欲"。这样，"天理"之中便包括了饮食等欲望。朱熹认为饮食是"欲"，是一种合乎天理的正当要求，所以它包含着"天理"。而美食是"人欲"，是不合理的要求，是与"天理"相对立的。朱熹关于"欲"与"人欲"的区别，是对二程"天理"与"人欲"思想的重要修正。因而，在一些论著中，简单地把朱熹的"欲"等同于"人欲"，以为朱熹提出的"存天理，灭人欲"，便是要取消人们的一切求生的物质欲望。这大概与朱熹原意不符，也与他的政治、经济思想相抵牾。因为他对受灾的贫苦农民，曾提出采取救荒、"社仓"等措施，便不是不讲物质利益，只是不"过欲"、"纵欲"罢了。况且圣人也需要有"欲"，才能维持生命。因此，"欲"不等于"人欲"。

关于"理"（天理）与"欲"（人欲）的关系，朱熹说：

天理人欲，不容并立。

天理人欲之间，每相反而已矣。

天理人欲常相对。就"天理"与"人欲"对立的性质来说，是"公私"、"是非"的分歧。朱熹认为,凡属"是",便是"天理";凡属"非",就是"人欲"。如非礼勿视、听、言、动,便是"天理";非礼而视、听、言、动,就是"人欲"。又如"克己复礼","己"为人欲之私,"礼"为天理之公。因此,在道德修养上,必须以"公"胜"私",以"是"克"非"。

就"天理"与"人欲"对立的形式来看,主要有三种。即:

对立形式之一是一方战胜一方。朱熹说,人之一心,天理存则人欲亡,人欲胜则天理灭。这就犹如刘邦与项羽荥阳、成皋之役,彼进一步,则此退一步;此进一步,则彼退一步。"天理"与"人欲"之战,就是一方吃掉一方。

对立形式之二是一方克服一方。朱熹主张在道德修养上,对"人欲"要一层一层地克服。人欲被克服掉之时,天理便自然发现。"盖克去己私,便是天理"克去"人欲",就是"天理"。这就是一方克服一方。

对立形式之三是相互消长。朱熹讲,天理和人欲之间互为消长。若人欲分数少,则天理分数多,这是"人欲"消而"天理"长;若天理分数少,则人欲分数多,这是"天理"消而"人欲"长。此消彼长,彼消此长。这就是两者相互消长。

以上三种对立形式表明了"天理"与"人欲"的针锋相对和不可调和,正因如此,朱熹遵循儒家"克己复礼"思想,提出了"革尽人欲,复尽天理"的道德修养法。

如何克尽"人欲",复尽"天理"呢?朱熹说,克尽"人欲"犹如剥百台,一层一层往里剥,皮剥尽了,"天理"自明。具体讲,革尽人欲,体认天理的工夫就是一种"持敬"工夫。这种功夫概括在《敬斋箴》中,主要内容是:

衣冠要整齐，状貌要庄严，平时管束住思绪，像面对上帝那样的虔诚。手足举措，毕恭毕敬。选择善地以自处，像在蚂蚁洞里周旋。像出门见大宾那样慎重，像承担重大的祭礼那样严肃战战兢兢啊，哪能有一点随便。要守口如瓶，要防意如城，非常地谨慎啊，哪敢有一点轻率。临事要存心在意，不能让心思东想西想，到处驰走。要精神集中，专注于一，不能忽二忽三，要警惕瞬息中的万变。能够这样涵养，就叫做持敬。这种功夫要贯乎动静，要做到外表和内心同样的端正。哪怕是刹那间的间断，各种私欲就涌流出来，没有火也会感到灼热，没有冰冻也会感到寒冷。只要有毫厘的差错，天地就要颠倒，三纲败坏了，《洪范》九畴也毁坠了。啊!我这个后生小子，持敬啊，持敬。请绳墨之束来监视吧，我现在敢以这一自箴之情禀告我心灵的主宰。

可见，"持敬"工夫就是"存天理，灭人欲"的过程。其实质是对孔子"克己复礼"思想的发扬。由朱熹提出，而后被历代封建帝王所珍视的"存天理，灭人欲"的信条，既是对孔子"克己复礼"学说的弘扬，又是对中国封建社会后期人伦道德的规范。它的影响持续几百年，桎梏着几代中国人的心灵。至今，还能在人们的思想中、生活中、人伦中、道德中，寻觅到"存天理，灭人欲"的旧痕。

"理、欲"问题是道德伦理规范与物质欲望之间的关系问题。朱熹将这一问题概括为"存天理，灭人欲"的道德伦理哲学。在朱熹哲学体系中，这一道德伦理哲学占有十分重要的地位。

"理"与"性"，"理"与"心"，"理"与"欲"构成了朱熹心性之学的义理系统。在这一系统中，特别彰显的是"理"的崇高庄严。而这正是朱熹理本论哲学的特征所在。

务本济世

玄天幽且默，仲尼欲无言；动植各生遂，德容自清温。

日本著名学者冈田武彦教授在《作为活学的朱子学》一文中说过："从思想史的角度考察问题时，一般说来，在历史上留下伟大足迹的思想家的学说，几乎都是为匡救时弊而开出的药方。人们都如此认为。"对于朱熹的经济思想，笔者亦如此认为。朱熹为了匡救南宋社会时弊，针对社会现实存在的问题，在赋税、货币、农耕、土地、消费等方面提出了一些有价值的学说。这些学说可以概括为在财政思想方面，提出了"开源节流"说；在农耕思想方面，提出了"以农为本"说；在消费思想方面，提出了"贫富命礼"说。这些学说构成了朱熹的经济思想。

但由于历代学者囿于朱熹与陈亮的"王霸义利"之辩，以为朱熹只谈"义"而不言"利"，因而只注意其道德学说，而甚少研究其经济思想。其实，作为"君子"的朱熹，注意修身养性，强调"正心诚意"，力倡"去人欲"，而不讲"利"，甚至把"利欲"与"天理"对立起来，两者水火不容；但作为"官吏"的朱熹，在为国为政之时，又不能不讲生产、消费、税收、救荒、赈恤、节用等等经济问题，解决物质生活资料，使人民安定而不流移，以免发生祸乱。尽管其目的是为了南宋王朝的长治久安，但不能说朱熹不注意经济问题。朱熹思想的这两重性正表明了他经济思想的一个重要特点，即经济思想中渗透着浓烈的道德伦理观念。

1. 开源并节流

如果说朱熹的理本论哲学思想对中国封建社会后期产生了巨大的影响，那么他的财政思想对后世也颇有影响力。其财政思想的基本概念是：

今上下匮乏，势须先正经界，赋入既正，总见数目，量入为出，罢去冗费，而悉除无名之赋，方能救百姓于汤火中，若不认百姓是自家百姓，便不恤。

这段话的具体内容包括以下五个方面：

（1）减轻赋税

在赋税问题上，朱熹的基本主张是"薄赋"或"省赋"，反对"重敛"。朱熹认为南宋时赋税的刻剥十分繁重。"福建赋税犹易辨，渐中全是白撰，横敛无数，民甚不聊生，丁钱至有三千五百者。""此外有各目科敛不一，官艰于催科，民苦于重敛，更无措手足处。"加之州县官吏的巧立名目，横征暴敛，人民苦于重敛，以致不能聊生。

朱熹针对这种重敛情况，提出了"恤民"、"省赋"的主张。他在《庚子应诏封事》中写道：

臣尝谓天下国家之大务，莫大于恤民。而恤民之实在省赋，省赋之实在治军。若夫治军省赋以为恤民之本。恤民之实在省赋，省赋之实在治军，是看到了当时社会矛盾的深刻之见，是切中时弊的。

关于"恤民"、"省赋"的具体措施是：

第一，蠲减税钱。

朱熹在南康郡为官之时，目睹农村由于赋税偏重，农民虽尽力耕种，所收之利仍不足以交纳税赋，于是农民不肯尽力农桑，荒畴败屋，流移四出。为此，朱熹上书朝廷，要求减轻赋税，以使憔悴困穷之民，复有更生之望，能够继续生存下去。

第二，整顿赋税名目。

建炎南渡后，赋税繁重，农业税为正税，分夏、秋二税。此外，新立的收税名目和正税的附加税又很多。如"经总制钱"（指买卖田宅、酒糟和一切民间钱物交易，每千文由官府征收三十文，后又增至五、六十文的税），"月桩钱"（指农民按月交纳的军费钱），"版帐税"（指南宋初，东路各路供应军用所征收的一种税钱），"耗米税"（指官府征税时，交米一石，加耗四、五斗），"和籴税"（指政府按民间的家业钱摊买粮食时，官府不给或少给钱，等于摊派）等，真是敲骨吸髓地榨取。对此，朱熹主张，除夏、秋正税以外，其他的苛捐杂税统统取消。他说："须一切从民正赋，凡所增各色，一齐除尽，民方始得脱净。"朱熹认为农民赋税过重，其结果不仅民贫，而且纳税者也大量减少，造成国家财政的匮乏。因此，他极力主张废除正税以外的赋税，以减轻百姓赋税负担。

第三，盐税。

盐税是南宋时国家财政收入的重要来源。但由于官吏的盘剥，增加征收名目，不仅使盐民负担加重，也使食盐者苦于盐价。朱熹说"官科盐于民，岁岁增添，此外有名目科敛不一……民苦于重敛。"这样，百姓无法生活下去。朱熹主张要保障盐的自由流通，任其所之，随其所向，价格自然公平，国家盐税收入也会增加。

（2）节用财政

朱熹认为，赋税苛重的一个重要原因，是国家财政开支的无度。因而，他提倡"节用"。他说："有土有财而言，以明足国之道，在平务本而节用，非必外本内末，而后财可聚也"。国家富足的道理在于"务本"而"节用"。《大学》以"德"为"本"、为"外"，以财为"末"、为"协"。朱熹"非必外本内末"说，认为不必遵循外德内财的旧说，而后"聚财"，把"聚财"作为"足国之道"的重要条件，这是对《大学》的损益。朱熹尖锐指出，"节用"首先是人君的问题。他说：

如今民生日困，头只管重，更起不得，为人君为人臣，又不以为急，又不相知，如何得好。这须是上之人，一切扫除枉费，卧薪尝胆，合天下之智力，日夜图求，一起而更新之，方始得……不知名园丽圃，其费几何，日费几何，下面头会箕敛以上之之求。"只有人君、大臣以身作则，卧薪尝胆，不搞什么名园丽圃，扫除一切不必要的开支，下面才不会重敛以供上求。

其次，"节用"是裁减军用。当时养兵的费用占国家整个财政年度开支的80%，除了专为增加军费而加征的"月桩钱"、"版帐钱"而外，还有其他繁重的军用赋税。朱熹说：

财用不足，皆起于养兵，十分八分是养兵，其他用度，止是二分之中。古者刻剥之法，本朝皆备，所以有靖康之乱……合当精练禁兵，汰其老弱，以为厢兵。

这样庞大的军事开支，怎能不使国家贫困？国家养了一批老弱冗兵，不仅影响军队战斗力，而且增加了国家财政负担。

第三，"节用"还需屯田。为减轻州县军费负担，朱熹又提出了"屯田"的主张。《语类》记载：

今日民困，正缘讼江屯兵费重，只有屯田可减民力。见谎襄汉间尽有荒地。某云：当用甚人耕垦？曰：兵民兼用，各自为屯，彼地沃衍，收谷必多。若做得成，敌人亦不敢窥伺，兵民得利既多，且耕且战，便是金城汤池，兵食既足，可省漕运，民力自苏。……则州郡自宽，迟之十年，其效必著。军队屯田，既耕垦又战斗。既解决兵食，又可省去漕运。这样，不仅州县会有所盈余，减轻赋税，而且还可以节省一笔庞大的军事开支，使国家能够量入计出，做到国富兵强。

第四，"节用"尚需削减俸禄。南宋时宗室出官，一年多似一年，其他光领俸禄不干事的阘职官吏也很多，造成庞大的财政负担。对此，朱熹说：

宗室俸给，一年多一年。骎骎四、五十年后，何以当之，事极必有变，如宗室生下，便有孤遗请给，初立此条，止为贫穷全无生活计者，那曾要得凭地泛及。按照原来规定，宗室没有依靠的，生活贫困无着落的，方可请孤遗俸，有依靠的就不能请孤遗俸。所谓有依倚，即包括其伯叔兄弟为官者都算是有依靠的。可是，现在却不公平，伯叔兄弟为官者，凭势以请孤遗俸，真正孤遗无依靠的，由于没有人替他说话，相反很难请求到。宗室不断出生，孤遗俸日益浩大。不仅宗室俸禄财政开支很大，文武官吏的俸禄支出也很惊人。朱熹说：

因致道说国家财用耗屈。某人曾记得在朝，文臣每月共支几万贯，武臣及内侍等五、五十万贯。按史书记载，南宋初年，政府一年赋税钱的收入，不满一千万贯，而到1187年（孝宗淳熙十四年）则增至八千万贯。约五十年间，赋税增加了八倍，可见赋税掠夺之残酷。然而仅武臣、内侍的俸禄，一年竟达七百二十万贯，还不算文臣俸禄。这样庞大的俸禄开支竟占南宋初年赋税总收入的72%，占淳熙十四年的9%。针对这种俸给之弊，朱熹主张削减俸给，以缓国家财用耗屈。

（3）救荒赈民

南宋时，水旱灾害时有发生，饥民反抗，更是连绵不断。为此，朱熹几次被朝廷派去办理荒政，均有所收效。《宋史·食货志》记载：公元1168年，朝廷派浙东提举朱熹去救荒。朱熹为解百姓燃眉之急，请求朝廷发赈粟六百石。夏受粟于仓，冬则加息计米以价。所以，朱熹认为救荒于汤火，赈济是重要措施。因为统治者为政，凶荒之际赈济以安百姓，这是大事。否则就会发生祸乱。为此，即使赈济后不能收回，也要行赈济。他在《语类》中是这样说的：

今赈济之事，利七而害三，则当冒三分之害而全七分之利。不然，必欲求全，恐并与所谓利者失之矣。赈民，朱熹是从维护南宋王朝的统治出发而提出的。他看到当时农村劳动力大量流失，生产下降，结果是有碍国家财政收入。为此，朱熹积极主张赈民。他说：南康军灾伤人户多有流移，一离乡上，道路艰辛，往往失所，甚至路旁有死尸，而抛下坟墓田园屋宇者更多。今劝百姓体谅州县救恤之意，仰俟朝廷宽大之恩，各且安心著业。所伤田段顷亩，官方减放税租赈济米斛，不可容易流移。在百姓生计断绝之际，赈济不能说对百姓无利。它不仅在一定程度上缓和了社会矛盾，而且暂时安顿了饥民生活，得以继续生产。

（4）改革差役

南宋沿袭唐中叶的募兵法，农民不再服兵役，役法分差役和夫役。差役是国家要求地主对政府所服的"职役"，夫役是政府调发农民服劳役。王安石变法时，颁布"免役法"，原来各种差役，改由民户交钱，由政府雇人充役，不负担差役的官户、寺观等，也要交"助役钱"。后来，王安石变法失败，新法被取消。南宋时，雇役、差役有的地方均存在。当时林夔孙记载，有人问朱熹："差役雇役孰便？"朱熹回答说：互有得失，如差役得之者，服役者自己爱惜；失之者，服役者往往破家荡产。雇役得之者，服役者无破家荡产之扰；失之者，可能聚集一批"浮浪"之人。即丧失了生产资料的贫苦农民。朱熹虽然以差役、雇役各有利弊，但总的精神是去弊存利，减轻差役的负担。为此，他对差役实施法提出了改革的措施。

南宋地方基层行政单位的乡有宽狭，这就必然出现宽乡由于富家多，尚能对付差役，而狭乡富家小，一被应役，无不破家荡产。对此，朱熹主张，把宽乡、狭乡的富家中分，以令平均。这样做，朱熹的本意是想均平差役，不使狭乡富家一应差役便破家荡产。然而这种重新划分宽狭乡的方法，一般是很难实行的。当时就有人提醒朱熹，这样做恐致人怨。但朱熹却说："不怨，盖其公心，素有以信于民，民自乐之，虽非法令之所得为，然使民宜之，亦终不得而变也。"这种道德说教，在实际上是不能均平两乡富家，均平两乡差役负担的。

朱熹改革差役的思想，是为了维护地方地主的利益。因为农村中的地主，是封建社会统治层的支柱。如他们因差役过重而破产，显然会对封建统治不利。

（5）增加货币

南宋时，商业繁荣，商品交换频繁，作为交换手段的货币广泛流行。不仅有铜币、钱币，而且还有纸币。纸币逐渐代替铜钱，成为交换的主要手段。它既方便了交换活动，也促进了交换的发展。为了增加南宋王朝的货币数额，朱熹从货币的流通、价值、储蓄等方面提出了积极的建议，构成了他的货币学说。其主要内容有：

①流通交易。

对货币职能的认识，封建社会的思想家首先看到的是其流通手段的作用。在统一的货币出现之前，流通手段的职能便受到限制。这样，既不利于加速商品流转，又不能促使货币数额增加。为促进货币的流通职能，朱熹说：

两淮铁钱交子，试就今不行处作个措置，不若禁行会子不许过江，只专令用交子。如淮人要过江买卖，江南须自有人停榻交子，便能换钱，又不若朝廷捐数万器钱在江南收买交子，却发过淮南，自可流通。这里的意思是，南宋货币有区域性之别，如两淮的"交产"，东南的"会子"，四川的"川引"，湖北的"会子"等，它们只在特定的地区内起流通手段的作用，在其他地区就不能流通，不仅纸币是这样，铜铁钱也如此。如淮西的铁钱交子不得用于江南，必须在江南官司茔坊，兑换铜钱交子，方可使用。这种地区性的货币流通，无疑妨碍和限制了商品交换的广泛开展。特别是两淮与江南的经济联系，十分频繁。因此，朱熹认为政府要设置兑换的场所，规定一定的兑换率。如政府在江南设兑换两淮"交子"的机构，淮人过江买卖就很方便。从而加强了两淮和江南的经济联系，而政府所收的"交子"也可发回两淮，自可以流通了。

②权物轻重。

货币的轻重，是货币的价值与货币本身的数量相联系的。货币流通数量的多寡是可以依商品流通的需要而自行调节的。但由于封建国家发行的货币太多，而造成了弊端。"绍兴末，会子未有两淮、湖广之分，其后会子太多而本钱不足，遂致有弊。"这种由于货币数量过多而引起货币贬值的情况，朱熹是看到了的。

如果流通中的货币数量增多，而商品数量不变，则币值下跌而物价上升，即物"重"币"轻"；反之，流通中的货币数量减少，不能满足商品流通的需求，则币值上升而物价下跌。朱熹认为，要解决会子币轻物重之弊，必须从头改革。由此，他提出了"权物轻重"说。他的学生吴必大，对此在《语类》中是这样记载的：

必大因言铁钱之轻，亦缘积年铸得多了，又只用之淮上十余郡，所以至此益贱。先生（朱熹）遂言占者只是荒岁力铸钱，《周礼》所谓国凶荒札丧，则市无征而作布，既可因此以养饥民，又可以极物之重轻。盖古人钱阙方铸将来添。今淮上亦可且往铸数岁，候少时却铸。

朱熹把货币价值的轻重与货币的数量联系起来，以为解决货币权物的轻重在于货币的数量，货币数量少，权物就重，否则就轻。这显然缺乏科学性。因为当货币加入流通的时候，它的价值是已经规定好了的，所以，货币充作价值的尺度并规定商品的价格，而不是商品的价格由流通中货币数量的多寡决定的。商品价格是商品价值的货币表现，先有商品价值，然后才有其货币表现。朱熹以货币数量的多寡来权物轻重，不仅颠倒了这种关系，而且似乎否定了货币自身的价值。

③禁锢外流。

宋高宗时，铜币外流现象十分严重。高宗屡次下诏禁止钱币外流。绍兴末，臣僚言：泉、广二舶司及西、南二泉司，遗舟四易，悉载金钱。四司既自犯法，郡县巡尉莫能谁何？淳熙九年，诏广、泉、明、秀漏泄铜钱，坐其守臣。因此，规定一切出海船舶都要市舶司官员检查，不许载铜钱外流。而事实上，朝廷的这些禁令并未生效。铜币外流现象仍很严重。对此，朱熹揭露了禁令无效的原因。他说：

又有海舶之泄，海船高大，多以货物覆其上，其内尽载铜钱，转之外国。朝廷虽设官禁，那曾检点得出。其不廉官吏，反以此为利。又其一则淮上透漏，监官点阅税物，但得多纳几钱，他不复问，铜钱过彼（指金朝）极有利，六、七百文，可得好绢一匹。若更不禁，哪个不要带去。由于贪官污吏从中作弊收利，致使铜钱大量流向海外，也流向金朝，造成了宋朝严重钱荒。所以，为了增加宋朝货币金额，朱熹主张禁锢铜币外流，这是很有意义的。

朱熹的财政思想是很丰富的，其内容涉及财政支出、货币收入、赈灾、差役和赋税等。当然，他的出发点是为了维护南宋王朝的统治，但他对社会弊端的揭露，他为富国强兵而提出的合理建议和改革措施，又无不具有历史价值。

2. 重农与多种经营

由于朱熹把财富的生产根源，归结为农业生产，所以，以农为本的农耕思想，成为朱熹经济思想的重要部分。

中国封建社会物质生产的基础是农业。农业生产是人们生存与一切生产活动的最先决条件。朱熹认为生产生活资料的农业是主要的财富生产部门。他说：

赶勘生民之本，足食为先，是以国家务农重咎，使凡"县守俾皆以劝农为职，每岁二月载酒出郊，延见父老，喻以课督于弟，竭力耕田之意。窃惟民生之本在食，足食之本在农，此自然之理也。中国古代思想家都认为"民以食为天"，朱熹继承了这个思想。他也认为维持民众的生存和再生产的根本在于"食"，即吃饭。如果没有饭吃，民饥饿流移，不能从事生产劳动，自然不能创造社会财富。他在《奏救荒事宜状》中有这样一段话：

民情嗷嗷，日甚一日，不独下户乏食，而士子宦族第三等人户，有自陈愿予乞丐之列者，验其形骸，诚非得已，兼自被来卖田拆屋。斫伐桑柘，鬻妻孥，货耕牛，无所不至，不较价之甚贱，而阻得售为幸。典质则库户无钱，举贷则上户无力，艺业者技无所用，营运者货无所售。鱼虾螺蚌久已竭泽，野菜草根取掘又尽，百万生齿，饥田支离，朝不谋步，……号呼宛转，所在戎群，见之使人酸辛，悻焉不忍正视其死亡者，盖亦不少。臣深究其所阻然，正缘绍兴地狭人稠，所产不足克用。

鉴于这种情形，朱熹提出了"足食之本在农"的经济主张。他认为国家应该"务农重谷"，这是自然的道理或规律。为了保证封建社会的物质生产基础，农业必须居于首要地位。所以，州县官吏应以劝农为自己的重要职责，每年二月春耕之时，载酒出郊，奖励农耕。

朱熹还主张州县官吏要""劝农为职"。他认为官吏的工作不在于直接参加生产，而在于组织和管理生产。他说：

当职久处田间，习知檣事，兹忝郡寄职在劝农，窃见本军已是地瘠税重，民间又不勤力耕种，耘耨鲁莽灭裂，……所以土脉疏浅，草盛苗稀，雨泽稍愆，便见荒歉，皆缘长吏劝课不勤，使之至此。为了改变这种状况，有效地组织生产，朱熹提出了如下几项具体措施：

（1）不误农季

农业劳动有明显的季节性特点，古代劳动人民在长期的劳动实践中掌握了生产季节的规律性，它与农作物所需要的温度高低、日照长短、生长周期等密切相关联。如果误了季节，就将影响农作物的正常生长。他是这样说的：

今来春气已中土膏脉起，正是耕农（种）时节，不可迟缓。仰诸父老，教训子弟，递相劝率，浸种下秧，深耕浅种。趋时早者，所得亦早，用力多者，所收亦多，无致因循，自取饥饿。

在生产过程中，只有用力愈多，则收获亦多。在这里，他提出了劳动量投资与收获量成正比例的思想。在一般情况下是可这样说的。农作物收获量还受自然条件的制约，如风霜雨雹、水旱灾害等都能够影响收获。而物质资料的生产量直接与人们生活的好坏相联系。在朱熹看来，收获量少就会"自取饥饿"，从而影响人们的生活。这种把不误农时地组织生产劳动与人们的社会生活联系起来观察，是有其一定合理因素的。

（2）改造土壤

经常改造土壤，是促进农业劳动生产，提高产量，为社会提供更多的社会财富的必要条件。朱熹通过长期的观察，总结了农业生产的经验，把深耕细作作为改良土壤的重要手段。他说：

大凡秋间收成之后，须趁冬月以前，便将户下所有田段，一例犁翻，冻冷酥脆，至正月以后更多著遍数，节次犁耙，然后布种，自然田泥深热，土肉肥厚，种禾易长，盛水难干。

在改变土壤的同时，朱熹还主张改变种植方法，以增加生产，提高产量：

耕田之后，春间须是拣选肥好田段，多用粪壤拌和种子，种出秧苗。其造粪壤亦须秋冬无事之时，预先划取土面草根，晒曝烧灰，旋用大粪拌和入种子在内，然后撒种。用草木灰和大粪（即人粪）拌和种子撒种，这样就使入土的种子在发芽过程中直接较快地吸收草木灰和大粪中的氮、磷、钾等养分，促进农作物较快生长。

（3）兴修水利

水利是农业之本。水、旱灾害对于农业生产的破坏是十分严重的，因而，古人就非常注意水利问题。兴修陂塘水利，既可防涝，亦可防旱。所以，朱熹把水利看为农业的根本。他在《劝农文》中是这样说的：

陂塘之利，农事之本，尤当协力兴修。如有怠情，不趁时工作之人，仰众列状申县，乞行惩戒；如有工力浩瀚去处，私下难以纠集，即仰经县自陈官为修筑。如县司不为措置，即仰经军投陈切待，别作行遗。

陂塘水利，农事之本。今仰同用水人，叶力兴修，取令多蓄水泉，准备将来灌溉，如事干众即时闻官，纠率人功借贷钱本，日下修筑，不管误事。

关于如何兴修水利，朱熹在这里设想了几种办法：一是由陂塘用水，得利人协力兴修，多蓄水，准备将来多灌溉。二是对于兴修陂塘持怠情态度的，列状申县，给予惩戒。三是对于水利工程比较浩大的，费用较大而难以私下纠集，则报县由政府来修筑。朱熹这种尽量开发自然水利资源，为人们社会的物质资料生产造福的思想，是很可贵的。

（4）保护耕牛

耕牛，在宋代已成为农业生产的极重要工具，农民主要依靠牛来耕田。耕牛在农业劳动中的显著地位，反映了生产力中劳动资料的作用。朱熹说：

耘犁之功，全籍牛力。切须照管，及时喂饲，不得辄行宰杀，致妨农务。如有违戾，准敕科决，脊杖二十。每头追赏五十贯文锢身监纳的无轻恕，今仰人户递相告诫，毋致违犯。为了确保劳动资料，宰杀耕牛不仅要脊仗二十棍，而且还要罚款。因此，他把宰杀耕牛看成与贩卖私盐、赌博财物一样，是犯法的行为，而加以禁止。他在《劝谕榜》中是这样告诫的：

禁约保伍，互相纠察事件。常切停水防水，常切觉察盗贼，常切禁止斗争，不得贩卖私盐，不得宰杀耕牛，不得赌博财物，不得传习魔教，保内之人，互相觉察，知而不纠，并行坐罪。把宰杀耕牛作为保伍的禁约，可见朱熹对于耕牛的重视。

（5）多种经营

农业生产不能单种种植。尽管稻谷是解决"民食"的主要作物，但是也应该同时种植其他经济作物。这样，不仅可以充分利用和发挥地力，而且也可增加生产资料的生产。朱熹注意到了这一点，他说：

山原陆地，可种粟、麦、麻、豆去处，亦须趁时竭力耕种，务尽地力，庶几青黄未交之际，有以接续饮食，不至饥饿。

种田固是本业，然粟、豆、麻、麦、菜蔬、茄芋之属，亦是可食之物，若能种植，青黄未交，得以接济，不为无济。争仰人户更以余力，广行栽种。

可贵的是，朱熹提出种田（种植水稻）固是农业之"本"，而种植粟、豆、麦、麻等也并非不重要。进一步，朱熹又提出所谓多种经营，还应包括养蚕、种桑等。朱熹是这样说的：

蚕桑之务，亦是本业。而本州从来不宜桑柘，盖缘民间种不得法。今仰人户常于冬月多往外路买置桑栽。相地之宜，逐根相去一二丈间，深开窠窟，多用粪壤，试行栽种，待其稍长，即与削去细碎拳曲枝条。数年之后，必见其利，如未能然，更加多种吉具麻苎，亦可供备衣着，免被寒冻。

桑麻之利，衣服所资，切须多种桑柘、麻苎。在这里，朱熹鼓励农户要设法种植桑树，饲养蚕。因为这些经济作物不仅可以提供蚕茧，增加收入，而且可供自己衣着，免受寒冻。

（6）奖励垦荒

朱熹在福建漳州任职期间，为增加生活资料产品的产量，曾奖励开垦荒田。他在《劝农文》中写道：

本州管内荒田颇多，盖缘官司有俵寄之扰，象兽有踏食之患，是致人户不敢开垦。今来朝廷推行经界，向去产钱官米各有归著，自无依寄之扰。本州又已出榜劝谕人户陷杀象兽，约束官司不得追取牙齿蹄角。今更别立赏钱三十贯，如有人户杀得象者，前来请赏，即时支给，庶几去除灾害，民乐耕耘。有欲陈请荒田之人，即仰前来陈状，切待勘会给付，永为己业，仍依条制与免三年租税。

荒田多的原因有二，一是"俵寄"的干扰，二是象兽的糟蹋，以致人们不敢开垦。于是，朱熹以"经界法"解决产去税存的矛盾；同时约束官吏不得勒取农民陷杀象兽以后的象牙或兽角等，以解决象兽踏食的祸害。如果有人愿意垦荒，可以向官府报请。不仅开垦出来田永为己业，而且可免三年的租税。朱熹看到，并

不是荒田无人开垦，而是存在着实际问题，只有解决具体矛盾，
鼓励开垦荒地，土地才能得到垦殖，农业生产才能得到发展。

（7）井田新说

为了缓和土地兼并，改革田制，抑制大地主，保持和恢复中小
地主的经济利益，朱熹又重提孟子的"井田制"。不过，朱熹所说
的"井田"与孟子所谓的"井田"，在内容上已不完全一样了。他
在注释《孟子·滕文公》篇"夫仁政，必自经界始"章的时候写道：

井地，即井田也。经界，谓治地分田，经画其沟涂封植之界
也。此法不修，则田无定分，而豪强得以兼并。故井地有不均，
赋无定法，而贪暴得以多取，故谷禄有不平。此欲行仁政者之所
以必从此始，而暴君污吏，则必欲慢而废之也。有以正之，则分
田制禄，可不劳而定矣。

此分日制禄之常法，所以治野人使养君子也。野，郊外都鄙
之地也。九一而助，为公田而行助法也。国中，郊门之内，乡遂
之地也。田不井授，但为沟洫，使什而自赋其一，盖用贡法也。
周所谓彻法者盖如此。以此推之，当时非帷助法不行，其贡亦不
止什一矣。

此详言井田形体之制，乃周之助法也。公由以为君子之禄，
而私田野人之所受，先公后私，所以别君子野人之分也。……上
言野及国中二法，此独详于治野者，国中贡法，当时已行，但取
之过于什一尔。

这几段话，表明了朱熹与孟子关于"井田"思想的主要区别
是：

第一。孟子以"正经界"作为行"仁政"的重要措施。所谓
"经界"，就是土地所有权的地理标志。"正经界"是为了土地均，

谷禄平，即国家皇室、贵族、官吏有关土地分封和世袭爵禄得以确定。朱熹把"经界"看做是给予土地所有权以法律效力。这显然是针对南宋当时豪强兼并土地而言的。由于豪强大肆兼并，出现了"业去产存"和"有产者无税，有税者无产"的状况。因此，朱熹倡导行"经界法"，即核实田亩，编造鱼鳞图，"置立土封桩标界至"，使田税均平。但是，"暴君污吏"为贪暴多取，必欲慢而废"经界"，所以，朱熹主张"田有定分"，即限制占田数，作为缓和土地兼并的措施。

第二，孟子"井田制"的理想是，在郊外边远地方，采取"助"法，即商代"井田"制"七十而助"，助耕公田，不税私田；郊内乡逐地区采取"贡"法，即夏代一夫授田五十亩，而每夫计五亩的收入为"贡"，就是什一税，周代"彻"法，也同此。朱熹根据南宋当时田赋情况，对孟子"贡"、"助"法提出了怀疑。朱熹认为，由五十、七十而百亩，"恐亦难如此移改。"他说：田地一方沟洫，庐舍成之也难，自五十里而改为七十里，七十里而改为百里，这是扰乱之道，并非三代田制，实是王莽之制。朱熹否定孟子的"井田制"非夏、商、周三代"田制"，而是王莽之制，则是对孟子"井田制"最激烈的贬词。

第三，孟子的"井田制"要求死亡和徙居都不能离开本"井"，因此，人口的增加和减少，便限死在本"井"之内，这样就出现了矛盾：人口增加不准迁徙，按人平均的土地就相对减少，原来一夫授田五十或七十亩的规定就打破了；如果人口减少，也不准人口增加的乡"井"迁居进来，那么人口平均占有土地量就增加了，以至土地荒芜、公田无人助耕。这些无法克服的矛盾，说明了孟子"井田制"理想的混乱。所以，当朱熹结合南宋的情况来考虑"井田"时，他觉得难以实行。朱熹说："封建井田，乃圣王之制，公天下之法，岂敢以为不然。但在今日，恐难下手。设使强做得成，亦恐意外别生弊病，反不如前，则难收拾耳。"从"井田"是"圣王之制"来说，朱熹不敢说不好，也不敢不实行。但从实际情况来说，很难实行得通，即使勉强作成，也要生出弊病。因此，朱熹称赞林勋在《本政书》中提出的"井田"设想。即："今本政之制，每十六夫为一井，提封百里，为三千四百井，率税米五万一千斛，钱万二千缗；每井赋二兵、马一匹，率为兵六千八百人，马三千四百匹，岁取五之一以为上番之额，给征役。无事则又分为四番，以直官府，以给守卫。是民凡三十五年而役使一遍也。朱熹认为这种"井田"法好在每乡开具若干字号田，田下注人姓名，以田为母，以人为子。此种提法甚佳。

朱熹本人关于"井田"制的设想，记载在《井田类说》中。他说：

夫土地者，天下之大本也。《春秋》之义，诸侯不得专封，大夫不得专地。今豪民占田，或至数百千顷，富过王侯，是自专封也。买卖由己，是自专其地也。……犹未悉备井田之法，宜以口数占田，为立科限，民得耕种，不得买卖，以赡贫弱，以防兼并，且为制度张本，不亦宜乎。

一夫一妇受私田百亩，公田十亩，是为八百八十亩。余二十亩以为庐舍，出入相交，伫望相接，疾病相救。民受田上田夫百亩，中田夫二百亩，下田夫三百亩，岁更耕之，换易其处。其家众男为余夫，亦以口受田。如此比士、工、商家受田五口乃当农夫一人。

这段话的意思是说：

1. 朱熹看到了农村在土地占有问题上存在的两大弊病：一是"专封"，即豪强占田连州跨郡，数百千顷，而贫者无立锥之地；二是"专地"，即豪强通过土地买卖，兼并土地。他的"井田"制法就是针对这些弊端提出来的。

2. 朱熹主张"以口数占田"，即按人口来占有土地。这种分田法，是从户主到子女、从农民到士工商都进行计口授田。田分上、中、下三等。考虑到士工商的工商业收入，故以五口抵农民一人授田。这样分田的目的，是借此限制豪民霸占大量土地。

3. 朱熹规定"土地不得买卖"。北宋以来，官僚大地主通过买卖占有大量土地。朱熹企图通过禁止买卖来控制土地所有权的转移。他以为这样既可照顾贫弱，又可防止兼并土地。

"井田制"是一种不能实现的幻想。朱熹试图从这种幻想的"井田"、"天国"中来消除现实社会的矛盾，这当然是不可能的。然而，朱熹的"井田制"思想表达了他对农业生产的关心和重视。

(8) 社会分工

朱熹以农为本的农耕思想，还贯彻于农业生产分工中。他以男子为主要劳力，从事田间农业生产劳动；以女子为附带劳力，从事养蚕织布一般劳动。"妇女勤力，养蚕织纺，造成布帛。"妇女的养蚕纺织，属于家庭农副业。它除了满足自己的消费之外，也可以拿去换钱或交换，以取得自己没有而又所需的产品。朱熹这种社会分工，仍然是一种男耕女织的自给自足的自然经济思想。

朱熹对农业生产之所以这样重视，是由于他目睹了南宋的财政匮乏，认为不发展生产，就不能恢复经济。朱熹根据自己在乡间的耳闻目睹，认为从事生产的目的，是为了解决"使其妇子台哺鼓腹，无复饥冻流移之患"，即不使百姓受冻挨饿，到处流浪逃亡。进而，使农民安心生产，不断提高生产力，使农业发展，国家富强。在这里，朱熹把农业生产直接与维持人民生活和国家富强联系起来，这种思想是很有价值的。

3. 贫富合"礼"

消费是与生产、分配等相互联系、相互制约的，它们共同组成社会生产的过程。虽然，生产决定着分配、交换和消费，但没有消费，也不可能有生产，生产出来的产品只有在消费过程中才能变成现实的商品。在封建社会里，消费是封建主义性质的。这一性质具体反映在朱熹的消费观念中，便是主张俭、奢都要合乎"中"，即俭、奢要以"礼"为标准。

朱熹在《论语集注》中说：

礼贵得中，奢易则过于文，俭戚则不及而质，二者皆为合礼。然凡物之理，必先有质而后有文，则质乃礼之本也。

这是说，奢侈则容易过于华丽，节俭就会不及而显得简朴。"过于"和"不及"都失掉"中"，"奢俭俱失中"。而失"中"，就是不合"礼"。反之，合"礼"就是奢不"过于"，俭不"不及"。可见，朱熹的消费标准是："奢不违礼"，"俭不失中"。所谓"奢不违礼"，说明这种消费不是适合自然经济的要求，而是按照封建等级（礼）的规定进行消费。朱熹鉴于南宋贵族们的穷奢极欲，企图以等级的规定加以限止，即杜绝超过规定的消费也不过俭而不及。但他认为"质"相对于"文"来说，"质"是礼之"本"，而"奢之害大"，是反对尚奢的。《语类》记载，有人问朱熹说："饥食渴饮，冬裘夏葛，为何说这是天职（合理）？"朱熹回答说："因为这是天教我如此。饥便食，渴便饮，但如追求穷口腹之欲，则不合理。天何曾教我这样做呢？"饥则食、渴则饮是"天职"，即这种消费是合乎"礼"的，而"穷口腹之欲"则是"奢"，是不合"礼"的。为此，朱熹批评管仲因僭礼而引起的"奢"的消费行为。朱熹说：

愚谓孔子讥管仲之器小，其旨深矣。或人不知而疑其俭，故斥其奢以明其非俭；或疑其知礼，故又斥其僭，以明其不知礼。

朱熹认为孔子之所以说管仲器量小，是因为他僭礼而过于奢的原因。如设屏于门，本来是"邦君"设的，而作为大夫的管仲也设了。究其原因，管仲作了一些功业，便骄傲起来，遂至于犯礼与奢。因此，违"礼"与"奢"是紧密联系在一起的。所以，反对奢侈，必须要教人合乎"礼"，按照"礼"所规定的消费标准来享受。同样，过于贫，也是不合乎"礼"的。朱熹主张无论是"贫"还是"富"，都要合于"礼"的规定。

基于贫富合"礼"的消费观，在对待贫富问题上，朱熹主张以"道"和"仁"为标准。

在消费观念上，朱熹主张贫富、奢俭都要""礼"为标准，这表明在他的经济思想中，渗透着浓烈的道德伦理观念。他在《论语集注》中有这样的一些话：

不以其道得之，谓不当得而得之。然于富贵则不处，于贫贱则不去，君子之审富贵而安贫贱也如此。

圣人之心，浑然天理。……其视不义之富贵，如浮云之无有，漠然无所动于其中也。

在《朱子语类》中也说：盖财者人之所同好也，而我欲专其利，则民有不得其所好者矣。

这三段话的意思是说，尽管富贵是人们所欲求的，贫贱是人们所厌恶的，但君子对于财富和贫贱所持的标准，是"道"和"仁"。所谓"道"，就是道义或道德，因此，则应视富贵轻如浮云，无动于衷，即使富贵也不处，因为这是不应得而得之的。相反，如果于义当贫贱，则应安贫乐贱，于贫贱不去。就"仁"来说，这是君子的重要品德。所以，朱熹说：君子之所以为君子，就是因为君子具有"仁"的品德。如贪富贵而厌贫贱，就是远离"仁"，就是非君子了。君子在富贵与贫贱之间，要舍、要取，一定要合乎"仁"这个标准。可见，"道"和"仁"都是指伦理纲常，其实质就是"礼"。

在对待个人生活消费问题上，朱熹主张"安贫"。

朱熹在注释颜回的"一箪食，一瓢饮，在陋巷，人不堪其忧，回也不改其乐"时说：颜回虽贫困到如此，却仍然处之泰然，依然很乐观。所以孔子称赞他说："贤哉!回也。"处贫泰然，才不会知不足，以不足为足，就会"乐不足"，或"无不足"。朱熹说：

颜子之乐，非是自家有个道至富至贵，只管把来弄后乐见得这道理后自然乐，故曰：见其大则心泰，心泰则无不足，无不足则富贵贫贱处之一也。朱熹这段话涉及了对颜回"乐"什么的探讨。如有人认为颜回以道为乐，也有人认为颜回以知天命为乐。朱熹则认为，颜回之乐，是因为：

私欲既去，天理流行，动静语默，日用之间，无非天理，胸中廓然，岂不可乐，此与贫窭自不相干，故不以此而害其乐。朱熹的意思是在赞美颜回以天理为乐，就是不计较贫富贵贱，就是"安贫"。

在对待财富和道德问题上，朱熹主张以德为第一，以财为第二。孟子认为为政要以"仁义"为先，而不能谈财利。《孟子·梁惠王》记载这样一个故事：

一天，孟子求见梁惠王。梁惠王问孟子说："先生，不远千里而来，对我国有什么利（好处）呢？"孟子回答说："君王，您为什么要言利呢？应当谈仁义。如果君王只知讲利吾国，大夫只知讲利吾家，士庶之人只知讲利吾身，上下交征利的话，那么，国必危矣。"由于孟子反对财利，尽至反对"辟草莱，任土地"等生产活动，而鼓吹"仁义"，被当时人视为"迂远而阔于事情"（即"迂腐"之意）。

朱熹对于孟子这个思想的态度是，一方面维护，另一方面也加以损益。他根据南宋时的时势，以为完全否定"利"是不行的，他说：

古圣贤之言治，必以仁义为先，而不以功利为急，夫岂固为是迂阔无用之谈，以欺世眩俗，而甘受实祸哉！这是对孟子只知"仁义"（道德），不懂"功利"（财富）思想的批评。朱熹认为孟子以"仁义"治天下的思想，是欺世眩俗的迂阔无用之谈，事实上，会受到祸害。尽管朱熹也说过"仁人者，正其义不谋其利"之类的话，但他并不完全反对"利"（财），只不过要以"义"（德）为先，以"义"制"利"，即以"德"制"财"。

在德的前提下，如何去获利呢？朱熹说：

设言富若可求，同虽身为贱役以求之，亦所不辞。然有命焉，非求之可得也，则安于义理而已矣，何必徒取辱哉？

富其君者，夺民之财耳，而夫子犹恶之。况为土地之教而杀人，使其肝脑涂地，则是率土地而食人之肉，其罪之大，虽至于死，犹不足以客之也。

其中第一段话，朱熹是讲如果财富是可以追求的话，即使去作践役而求得它，也在所不辞。然而，财富的获得是命定的，不是去追求而能得到的。朱熹这里所说的命定，就是要人们安于"义理"，即安于"义"，也就是要人们讲"礼"，循"礼"而作，循"礼"而行。这就是他所主张的贫富合"礼"。

其中第二段话是"君富"与义理的关系。朱熹认为如果夺民之财而"富其君"，犹如杀鸡取卵、竭泽而渔，是不符合"义"的原则，也就是不符合"礼"的原则。因为杀鸡取卵、竭泽而渔的结果，是官逼民反，导致社会和国家的危机。

因此，在财富和道德关系问题上，朱熹以为，不论是君子、国君，还是庶民、百姓，都应以"德"为第一位，以"利"为第二位。这才符合于"礼"，才是正确的。

由上可见，朱熹的消费观念是与他的封建伦理规范紧密相连的。以"道"和"仁"为标准，评判"贫"、"富"的取舍、当与不当。而"道"和"仁"就是封建伦理规范的核心。以"安贫"作为个人生活消费的准则，其实质是以寻求"天理之乐"为标准。"天理"就是"礼"的最高体现，是封建道德规范的集中反映。而以"德"为第一重要，以"财"为第二重要的德财观念，更是赤裸裸地将封建伦理道德作为消费的标尺。总之，朱熹的消费思想是以"礼"来约束消费，将消费限制在不违礼的范围之内，使其经济思想被道德伦理观念所束缚。

但朱熹"开源节流"的财政思想和"以农为本"的农耕思想，标示着他对赋税、货币、土地、生产等经济问题的极端重视。尤其是他的货币思想和井田学说，更不乏具有经济价值的闪光。朱熹是一位杰出的哲学家，这是举世公认的；但他的经济思想和学说，却鲜为人知，这是令人遗憾的。

自然科学思想

半亩方塘一鉴开,天光云影共徘徊。问渠哪得清如许,为有源头活水来。

如果说朱熹的经济思想尚属鲜为人知的话,那么,他的科学思想则简直是不为世人所知。在以往的中国哲学研究中,传统学术观点认为中国哲学家重伦理而轻科学,其中又尤以宋明理学家更甚。其实,任何一位大哲学家或一种哲学思潮,都是社会科学知识和自然科学知识的概括或总结。朱熹作为南宋时代的大哲学家,亦不例外。

宋代是中国科学技术昌明的时代,随着生产的发展和经济的繁荣,科学技术有了很大的发展。它不仅有世界三大发明的完成(毕昇创造了活版印刷术,比欧洲早四百年;磁针作为指南针,已用于航海;火药被制成"火炮"、"火箭"之类和"霹雳炮"、"大枪"等,已用于军事),提供古代人们从未想到过的许多科学事实;而且在数学、物理、化学、天文、农学、医学以及工艺、纺织技术、火药应用技术,都居世界领先地位。

如北宋贾宪在《黄帝九章·算法细草》中提出开任意高次幂的"增乘开方法"和二项式定理系数表,公元 1819 年才由英国人霍纳得出"增乘开方法"，十七世纪才有类似二项式定理乘数的"巴斯加三角"；南宋秦九韶在《数书九章》中提出了高次（十次）方程的数值解法，十六世纪时意大利人菲律尔洛才提出了三次方程的解法。

北宋曾公亮编《武经总要》中关于"指南鱼"制作方法，是世界上利用地磁场进行人工磁化的最早记录。沈括在《梦溪笔谈》中已经提出利用天然磁体进行人工磁化以及地磁偏角的问题，而直到公元1492年哥伦布才发现地磁偏角。

此外，在《武经总要》中还载有"火炮药法"、"毒药烟球火法"、"蒺藜火球火药法"等。其法以硫磺、焰硝（硝酸钾）、松脂以及其他不同物质按一定比例制造各种不同用途的火药。北宋时曾进行过五次大规模的恒星位置观测，后由黄裳制成有1440颗星的星图；吕祖谦在金华观测记录24种植物开花结果及黄莺初到，秋虫初鸣的时间，是以实物观测的物候记录，这就使人们对于天体运动规律、宇宙构造、物质结构以及物质之间的联系形式问题的认识，深入了一大步。同时亦出现了总结古代至两宋自然科学成就和科学技术成果的科学著作。

自然科学的蓬勃发展，对于中国文化的发展具有深远影响。于是，学派涌现，群星聚奎。两宋文化的发展，又促进了科学技术的昌明、进步。朱熹的科学自然学说，就是在这样一时代背景下孕育、发展起来的。其中，宇宙自然学说（宇宙论）、天文自然学说（天文论）和气象自然学说（气象论）形成了他的自然科学思想。

1. 关于宇宙

近代西方把关于宇宙演化的理论称为宇宙论（cosmology），包括宇宙结构、宇宙生成的学说。如果说"理"是朱熹哲学逻辑结构的最高范畴，那么，宇宙论是"理"借助于"气"生成天地万物的重要一环。朱熹哲学是本体论和宇宙论的结合，两者并不分离，体现了中国哲学的特色。

朱熹的宇宙论，主要有两方面，一是宇宙结构的理论；二是宇宙演化的理论。

（1）宇宙结构论

据《晋书·天文志》记载，汉代以来，中国关于宇宙结构的理论，共有三家六说，即：盖天说、宣夜说、浑天说，另外还有虞喜的安天说、虞耸的穹天说、姚信的昕天说。

其中，盖天说认为天是体，是一个旋转的圆盖子。即天像一个圆盖子，但其形状、位置说法而各异。有以天圆像车盖，地方像棋盘。如《周髀算经》的说法：

环矩以为圆，合矩以为方。方属地，圆属天，天圆地方。

另一种说法认为：天像盖笠，地法覆盘。这是说，天是圆形的盖子，像个圆顶的斗笠，地像个翻过来的圆盘子。

第三种说法，则认为：

天之居若倚盖。这是说，天像一个斜倚着的盖子。

以上盖天说的三种说法，区别在于：前两说认为天地是平行的，而第三说则认为天倾斜倚于地。三者的分歧说明盖天说并未统一，亦不严密。对此，王充曾经指出，天盖如依倚于地，便不能旋转，只有树起来，才有可能旋转。这是有一定道理的。

宣夜说是建立在元气学说的基础上的宇宙结构理论。就理论本身来说，它打破了有形质的固体"天球"理论，而代之以气体理论。对此，《晋书·天文志》这样记载：

天了无质，……日月众星，自然浮生虚空之中，其行其止皆须气焉。是以七曜或逝或往，或顺或逆，伏见无常，进退不同，由乎无所根系，故各异也。这段话的意思是说，宇宙中充满了"气"，日月星辰依气而飘浮运动。它们各有自己的运行规律，而不受天壳的限制，否定了有一个缀附星辰的"天球"。但由于宣夜说没有探讨太阳和月亮运行的规律，没有研究地球和日、月、太空的关系，从观测天文、修订历法这个意义上说，没有一个可作参照系的坐标，而没有浑天说影响深远。

浑天说认为天是一个浑圆的壳，像鸡蛋，如《浑天仪》所说：浑浑苍天如鸡子，天体圆如弹丸，地如蛋中黄，孤居于内。天大而地小。天表裹有水，天包地如蛋壳裹蛋黄。天地各乘气而立，载水而浮。这种宇宙结构就如同《天文志》所言：

若天果如浑者，则天之出入行于水中，为的然矣。故黄帝书曰："天在地外，水在天外，水浮天而载地者也。"天从地东面的水里出来，经上空转到西边，又进入水中，然后再从地底下穿水而出，又从东边出来。

浑天说有其合理的成分。从理论体系上说，它认为地浮在水上，好比鸡蛋中的蛋黄，浮在中央，被水所载。这样，地便有动的可能性。浑天说蕴含着地动思想。盖天说认为地无限大，不可动。宣夜说则未言及地。不论是盖天说还是浑天说，都是人们直观的观察，是以人的感官所能感觉到的现象为依据的，因此具有很大的局限性。如浑天说虽然具有"地动"的合理性，但对天球如何从地下通过，没有作出合理的解释，引起王充等人的反对。宣夜说虽与盖天说、浑天说不同，但也未能脱离直观性。

这几种宇宙结构论以及它们之间的争论，一直延续下来。宋代张载根据当时自然科学的发展和宣夜说的启发，回答了王充所提出"天何得能在水中行？"的问题。他认为地球不是浮在水面而是浮在气中。

地在气中，虽顺天左旋，其所系辰象随之。地有升降，日有修短。地虽凝聚不散之物，然二气升降其间，相从而不已也。张载这些话的意思是说，地在气中悬浮，并不停地运动着。当地顺天左转时，其他星辰亦随之向左旋转运动。张载的这种宇宙结构理论，是浑天说和宣夜说的结合。

在张载这种宇宙结构理论基础上，朱熹提出了他的宇宙结构学说。即：但天之形，圆如弹丸，朝夜运转。其南北两端，后高前下，乃其枢轴不动之处。黄帝问干岐伯曰："地有恁乎？"岐伯曰："大气举之。"亦谓此也。

朱熹的意思是：天圆如弹丸，与浑天说的天如鸡子相似，而非拱形的盖子。地不是如浑天说所言浮在水中，而是如宣夜说相似，在气之中。然而，中国古代的气，是以气体为模型来进行思维的。它与古希腊罗马以固体为模型来思维大异其趣。固体有不可入性，而气体有可入性；固体可以作为另一物质的浮载体而使其不下坠，气体在古人看来是不能作为另一物质的载体的。既然如此，气如何举地而不使之下坠呢？这个问题在朱熹之前一直没有得到完满解决。朱熹首次将"气"想象为不断运动的物体，处于气中的地也在不停地运动。运动便产生出一种托举地的能量，足以使地不下坠。朱熹是这样阐述他这一观点的：

地则气之渣滓，聚成形质者，但以其束于劲风旋转之中，故得以儿然浮空，甚久而不坠耳。这就是讲，地是由气凝聚成的形质，它被束缚于如疾风旋转般的气中。这样，地被运动着的气托举起来。可见，朱熹将整个宇宙设想为动态结构，而非静态结构。这是朱熹超越前人的地方。

朱熹这种宇宙结构理论，也是对盖天说、浑天说和宣夜说的改造、继承。

对于盖天说，朱熹首先指出这种学说的内在矛盾：如将盖天说作一模型，则像个雨伞，不知如何与地附着？然后，朱熹吸取宣夜说"气"的思想，对盖天说进行了改造。他这样说：

盖天只是气，非独是高。只今人在地上，便只见如此高。要之，他连那地下亦是天。天只管转来旋去，天大了，故旋得许多渣滓在中间。事闻无一个物事恁地大，故地恁地大，地只是气之渣滓，故厚而深。朱熹认为天是气，地也由气构成，天与地是同质同构。这种同质同构，促使天、地在运动中互相依托，互相渗透，而不致分离或下坠。并且天包地，其气很紧密，唯有中间部分比较宽松，所以有许多人和物（包括动物和植物）的存在。这就是被朱熹改造了的盖天说。

对于浑天说和宣夜说，朱熹基本上采取了它们的观点，并加以改造，结合。他这样描述：

天包乎地，地特天中之一物耳。天包乎地，天之气又行乎地之中。

天以气而依地之形，地以形而附天之气。……天以气而运乎外，故地推在中间，然不动。使天之运有一患停，则地须陷下。在这里，朱熹关于"天包地，地是天中一物"思想，是依据"浑天说"浑天如鸡子，地如鸡子黄的模式来说的；而他的"天蹦气托地"思想，则是对"宣夜说"中"气"的吸取。朱熹认为，天地中间是空的，日月星辰运行往来，地在天中，四边是空的，但却靠着天，所谓靠着天，实质上是指气而言，天以运动之气，使地不下坠。这样，朱熹便以他的宇宙结构理论，解决了天如何与地附着，地浮在气中为什么不会坠下的问题。就此而言，朱熹对中国古代宇宙结构理论是有贡献的。这种宇宙结构的假想，虽然没有严格的科学实验所证明，但他依据宇宙之间充塞着气（宅气）来设想，并把它描述为动态结构，有它一定的合理性。

朱熹又根据屈原"九天"之说，作了与前人不同的解释。屈原在《天问》中提出："九天之际，安放安属"之问，后人有各种不同的回答。

如《吕氏春秋·有始览》《淮南子·天文训》以为，中央曰钩天，东方曰苍天，东北曰变天，北方曰玄天，西北曰幽天，西方曰颢天，西南曰炎天，东南曰阳天。

东汉王逸作《楚辞章句》，唐颜师书作《汉书·郊祀志》注，虽九天名称与《吕氏春秋》《淮南子》有异，其共同之处是按八卦方位加中央为九天。

唯朱熹以九天为"圆则九重"，而非方加中央。他说：

其曰九重，则自地之外，气之旋转，盖远盖大，益清益刚，究阳之数，而至于九，则极清极刚，而无复有涯矣。朱熹的意思是说，"九天"并非九个天，也不是九方之天，而是天有九个层次，即"九圜"。

朱熹之所以这样解释"九天"，是因为他依据《易》的像数学，即阳之象为"一"，最大数为"九"；阴之象为"−"，最大数为"六"。以天为阳、地为阴，而阳数至于九，九为老阳之数，故天有九重。

天，在朱熹看来，并非像鸡子一样的实体。从这个意义上说，"天无体"。这是从气与物质固体相比较而言的，但并不是没有"体"。他把天假设为由清轻的"气"构成的，"二十八宿便是天体"，还是承认有体的存在，不过此体是气体，"气"无形、无声、无臭，故他称为无体。

（2）宇宙演化论

如果说宇宙结构是探讨宇宙构造的模型、式样的话，那么，宇宙演化论则是探讨宇宙怎样产生、形成和发展的。

在先秦，老子曾提出："道生一，一生二，二生三，三生万物"的宇宙万物生成论。其意是作为宇宙本源的"道"，生出"一"（元气），"一"又生"二"（阴、阳二气），"二"生"三"（天、地、人三才），"三"则生出万物。这是道家的宇宙生成论。《周易·系辞传》又提出"易有太极，是生两仪，两仪生四象，四象生八卦"的宇宙生成、演化理论。其意为"太极"是宇宙本源，它一分为二生出"阴"、"阳"两仪，两仪又生出"太阴"、"太阳"、"少阴"、"少阳"四象，四象再生出"乾"（天）、"坤"（地）、"震"（雷）、"巽"（风）、"坎"（水）、"离"（火）、"艮"（山）、"兑"（泽）八卦。这是道家的宇宙生成说。

两汉时，《淮南子》把老子和《系辞》思想结合起来，构筑了宇宙生成模式。即：

道在虚霩之中生宇宙。宇宙又生元气。其中清阳者薄靡而为天，重浊者凝滞而为地。清妙之合较易，重浊之凝较难，故先天成而地后定。天地之精生成阴阳，阴阳之精生出四时，四时之精又散为万物。这表明：宇宙的演化经历了虚霏→宇宙→元气→天地→阴阳→四时→万物这样几个阶段。其中元气是天地未形向天地形成过渡的中介，是一个关键环节。

《易纬·乾凿度》较之《淮南子》有更详细的论述：

有形的东西来自无形，乾坤是怎样产生的呢？……太易，未有气。太初，始生气。太始，形之始。太素，质之始。

气、形、质具而未离，叫做混沦。其中清轻者上而为天，浊重者下而为地。

《列子·天端篇》有一段话与此相同。认为宇宙演化的程序是：太易→太初→太始→太素→浑沦→天地。

《易纬·乾凿度》和《列子·天端篇》关于宇宙演化的阶段与《淮南子》相似，但较《淮南子》宇宙演化的阶段性，每一阶段内涵的特殊性都显得清晰、明确。

在《孝经·钓命诀》中，又把《乾凿度》的"浑沦"改为"太极"。它说：

天地未分之前，有太易、有太初，有太始、有太素、有太极，是为五运。形象未分时叫做太易，元气刚生时叫做太初，气形端倪时叫做太始，形质变动时叫做太素，形和质具备时叫做太极。五气的运动、变化，叫做五运。这表明，从形象未分到元气的始萌，气形之端和形质已具，是一个气形逐渐形成的演化过程，较之《乾凿度》又清晰了一些。

其实，太初、太始、太素等范畴都出于道家，《淮南子》《列子》亦宗道家。北宋时，周敦颐写《太极图》，也授自道士陈抟。《太极图》描绘宇宙生成的阶段为：无极→太极→阴阳→五行→男女→万物，构成了宇宙演化的进程。

而朱熹关于宇宙演化的理论，吸收了以上诸思想，并加以改造，发挥。他说：

天地初期，只是阴阳之气。这一个气运行，磨来磨去磨得急了，便拶许多渣滓；里面无处出，便结成个地在中央。气之清者便为天，为日月，为星辰，只在外，常周环运转。地便只在中央不动，不是在下。

造化之运如磨，上面常转而不止。万物之生似磨中撒出，有粗有细，自是不齐。这种天体演化理论，虽然受汉代以来轻清者为天，重浊者为地的影响，但也不无创见。具体表现为，朱熹认为由于阴阳二气不断地旋转运动，而产生摩擦、碰撞，便凝结成地球在中央。在地球周围形成了天、日月、星辰，并处于不停顿地运动过程中。又由于不停顿地摩擦，碰撞，摔出的渣滓有粗细不同，形成的万物也有粗糙、大小之别。这里，他猜测到了离心力的物理现象。

朱熹创见性具体表现的另一点是，他认为天体的起始，是一团混沌未分的阴阳之气，由于阴阳之气潋烈、急速旋转运动的结果，才产生了天地、日月、星辰等万物。而最初摔出的气团是软的，后来才变硬。

初间极软，后来方凝得硬。山河大地初生时，须尚软在。地球、日月、星辰由软变硬的猜测，虽来自直观观察，但蕴含着一个可贵的思想，那就是阴阳二气在不断地、急剧地摩擦、运转之中，产生了高热能，使得一切物体都熔化，而又重新组合，组合的结果是天地、日月、星辰、万物的产生。这里，朱熹对于由摩擦、运转而产生热能的思想，确有超越前人之处。

以上是朱熹对于宇宙演化的总体构想，至于天体、地球的具体演化过程，他又有详细的论述：

天地始初混沌未分时，想只有水火二者。水之滓脚便成地，今登高而望，群山皆为波浪之状，便是水泛如此。只不知因什么时凝了。……水之极浊便成地，火之极清便成风霆、雷电、日星之属。

阴阳是气，五行是质。有这质，所以作得物事出来。那么，"五行"与"阴阳"是什么关系呢？朱熹认为是相统一的：

五行一阴阳也。所以，"阴阳"二气相磨而形成宇宙的过程，也就是"五行"构成天地的过程。

同时，朱熹又指出"五行"是"阴阳"变合的结果，正是这种变合，才使"水"、"火"能生天、生地、生日月。据《周子全书》云：

有阴阳则一变一合而五行具，然五行者，质具于地，而气行于天者也。以质而语其生之序，则曰水火术金土，而水木阳也，火金阴也；以其而语其生之序，则曰木火土金水，而木火阳也，金水阴也。这段话的意思表明：水既属阳又属阴，火既属阴又属阳。所以，朱熹假设天地混沌未分之时，只有水与火二者。水浊成地，火清成日星、雷电等。这也就是周敦颐《太极图》中第二个圆圈一"取坎（水）填离（火）"图。这个图又是从道教的《水火匡廓图》或称《坎离匡廓图》而来。

正是由于"阴阳"、"五行"的统一、变合，才产生了天体、地球、万物。朱熹以物质性的阴阳五行来阐释宇宙演化的详细过程，这一思想不无科学性。

2. 关于天文

中国的天文学在先秦时是与占星术相结合而发展起来的。以后，社会农业生产发展的需要，推动了天文学观测。如《易经》记载：古代一位叫包犧氏的人称王后，仰观天象，俯观地宜，近取诸身，远取诸物。其目的是以类万物之情。中国古代，对于天象的观测，是否从伏羲开始，已无确证，但确实很早就有了。当时，对天象的观测，除了社会经济的需要外，还有社会政治的需要。《易经》中还有这样的记录"观乎天文以察时变，观乎人文以化成天下"。这是说，天象的每一变异都直接与人事政治相对应，与社会政治得失相关联，与君臣的行为善恶相联系。因此，要求在动态中、变异中，对天文作忠实的记录。所以，中国在世界各国中是较早就注意观测天象、记录天文的国家之一。

如在《甘石星经》中 115 颗恒星赤道坐标的位置，有一部分是公元前四世纪测定的。《左传》等书中也有关于日食、彗星、陨星的记载，这些都居世界前列。特别是对太阳黑子的记载："日黑居仄，大如弹丸"，"日出黄，有黑气大如钱，居日中央"。中国之所以敢于忠实记载太阳黑子，而西方即使在公元807年8月19日发现了黑子，也不敢相信，这是因为中西文化观念的差异形成的。西方人认为太阳是绝对完善的，而中国人并不认为象征君主的太阳没有过失，反而以太阳的"过失"来评判地上政治的好坏。正是由于天文的观测、天象的变异直接与政治相结合，所以，中国古代天文学比较发达。

朱熹的天文学理论和思想也就在这一历史背景下形成。其主要内容为：

（1）天体的运行

朱熹认为，天体在其运动中，有一个枢纽，这便是南极和北极。朱熹说："南极和北极，是天的枢纽，只有此处不动，像磨脐。"北极又称为北辰。朱熹不同意谢良佐把北极看作天之机的观点。他说：

北辰，即北极也。以其居中不动而言，是天之枢轴。天形如鸡子旋转，极如一物，横亘居中，两头称定。一头在北上，是为北极，居中不动，众星环向也。一头在南，是为南极，在地下，人不可见。朱熹的意思是，南北极构成了"天环"的中轴，天体运行是围绕此中轴旋转，否定了运行没有轨迹的说法。

朱熹在许多地方都说到作为枢纽的极星是居中不动的。那么，究竟动不动？他的学生黄义刚提出了这种疑问。《语类》记载：

义刚问："极星动不动？"朱熹回答说："极星也动。只是它离轴心近，所以动而不觉。这就如同那'射糖盘子'。

北辰就是中心的椿子，极星是最接近棒子的点子，虽随盘子一起转，但愈近椿子，人们越觉不出它在旋转。"朱熹的这个见解，超越了感觉的直观，而具有理性认识的特点。

天体为什么会运转，如何运转？这在历史上是一个争论不休的问题。盖天说认为恒星嵌镶在天穹上，所以它随天穹转动而动。而日月和五星不是嵌在天穹上，所以不随天穹而转动。其情形为：

天穹转如推磨而左，日月右行，随天左转，故日月实东行，而天牵之以西没。譬之于蚁行磨石之上，磨左旋而蚁右去，磨疾而蚁迟，故不得不随磨以左回焉。这可解释为：天左旋（由东向西），日月五星右旋（自西向东）。但天左旋速度快，日月五星右行慢，犹如蚂蚁在磨盘上右行，由于没有磨转得快，看起来就好像是向左旋转。

浑天说与盖天说一样，主张天左旋，日月五星右旋，地静止不动。

汉代刘向却认为，日月星辰运行的速度快慢不同，但都是自东向西的左旋。

就此而言，左旋右旋之争，问题症结所在，不在于天左旋，而在于日月五星的左旋与右旋。对于这个问题，东汉的黄宪曾这样回答：

问："天是向左旋转还是向右旋转？"答："清明不动者是天。转动的是日月星辰。因此讲天在旋转，不对。"这里的意思很清楚，天并没有旋转，旋转的是日月星辰。

不论是左旋还是右旋，他们的共同点是，以静止不动的地球为中心，日月星辰绕地球旋转这一直观为基础而思考的。其差异在于，右旋说以日的周年和月的周月视运动为依据；左旋说以日和月的周日视运动为依据，并以此为日月的实在运动。其实，两者都不符合实际。但从日月食观测和制订历法的实用来说，右旋说较左旋说有价值。所以，历法家大都采用右旋说。

宋代张载曾主张左旋说。他认为：天向左旋转，日月五星顺天而旋。但由于它们旋转的速度不如天旋转速度快，故人们看到的七曜似乎是后退，便称其为右转。

日月五星，逆天而行，并包乎地者也。地在气中，随顺天左旋，其所系辰象随之，稍迟则反移徒而右尔。在这段话中，张载在讲述七曜随天左旋的同时，突破了历法家的困囿，提出了地亦顺天而左旋的观点，即地动说。这是有积极意义的。

朱熹继承了张载的左旋说。《语类》记载：

问："天道左旋，自东而西，日月右行，是这样吗？"

朱熹答曰："横渠（即张载）说日月皆是左旋，说得好。"

问："为什么日月五星是左旋，而不是右旋？"

又答："我看天上日月星不曾右转，只是随天转。"

这种回答显然缺乏科学性。以"我看天上"这种直观观测作出左旋的结论，由于没有科学实验的基础，只凭直观观测，所以，只能观测到七曜周日视运动，而不能说明周年视运动，更不能对历法的制订提供有价值的根据。同时，由于朱熹以直观的观测为依据，也出现了混乱。他曾这样说：

天之形圆如弹丸，朝夜运转。……当昼则自左旋而向右，向夕则自前阵而归后，当夜则自右转而复左，将旦则自后升而趋前，旋转无穷，升降不息，是为天体。这里的混乱是朱熹认为七曜是白昼时自左向右旋转，夜间则自右向左旋转。以日夜的旋转方向不同，并不能调和左旋与右旋之争。朱熹对于张载旋转迟速不同的思想作了具体发挥。

盖天行甚健，一日一夜周三百六十五度四分度之一，又进过一度。日行速，健次于天，一日一夜周三百六十五度四分度之一，正恰好。比天进一度，则日为退一度，二日天进二度，则日为退二度。积至三百六十五日四分日之一，则天所进过之度，又恰周得本数；而日所退之度，亦恰退尽本数，逐与天会而成一年。月行迟，一日一夜三百六十五度四分度之一行不尽，比天为退了十三度有奇。进数为顺天而左，退数为逆天而右。这里，朱熹从太阳和月亮的周日视运行为太阳和月亮的真实运动，太阳周日视运行度数的进退与本数相符，月亮周日视运行度数的进退有差，这样便产生了进顺天而左，退逆天而右的问题。

据此，朱熹又推算出阳历一年为365日余，但阴历每月29日或30日有异，十二个月为"三百五十四日九百四十分日之三百四十八是一岁"。这样：

日与天会，而多五日九百四十分日之二百三十五者，为气盈，越与日会，而少五日九百四十分日之五百九十二者，为朔虚。合气盈朔虚而闰生焉。故一岁闰率则十日九百四十分日之八百二十七；三岁一闰，则三十二日九百四十分日之六百单一；五岁再闰，则五十四日九百四十分日之三百七十五。十有九岁七闰，则气朔分齐，是为一章也。按照沈括和卫朴主修的《奉元历》，以365，243，585，00日为一回归年（现在准确值为365，242，193日）；朔策（朔望月）为29，530，590，71日（准确值为29，530，588日），则与唐开元《大衍历》的朔望月29，53059日相近似。朱熹以三百六十五日九百四十分日之二百三十五为一岁。即365（235/940）=365（1/4）日，或365，25日，较《奉元历》为大。然而，《奉元历》只实行了十八年（1074—1092），至南宋时便失传了。因而朱熹的计算以及闰月的安排仍是有价值的。

（2）日食与月食

朱熹依据当时自然科学的成果，运用"阴阳"（"气"）学说来解释各种自然现象。他已经认识到月亮是不发光体，太阳是发光体。而月亮是受太阳光的照射才有亮。朱熹对此有生动的表述：

月体常圆而无缺，但常受目光而明。初三、初四时，是日在下照，月在西边明，人在这边望，只看见眩光；十五、十六时，日在地下，日光由地四边射出，月受其光而明。由于月亮受日光照射角度不同，所以地上的人似乎觉得月有圆、有缺。这里，朱熹采取沈括月无缺的说法，也认为月无缺，而不同意月有缺的说法。

那么，月亮是怎样才能受日光照射呢？朱熹说：

方合朔时，日在上，月在下则月面向天者有光，向地者无光，故人不见。及至望时，月面向人者有光，向天者无光，故见其圆满。若至弦时，所谓"近一远三"只合有许多光。这里说的"合朔"，指日、月会合。故人以朔日为一月的开始，即阴历初一。这时日在上，月在下，地又在月下，因受阳光面背向地，所以地上的人看不见月亮。"望"指一月之中（阴历十五日），地球在日月之间，月亮受光面与地球相对，人便见到了满月。"弦"有上弦、下弦之分，上弦为黄道上月在日东九十度，阴历初八前后，月面西半明东半暗，自地上看见的月亮，如弓形之半圆；下弦为黄道上月在日西九十度，阴历二十三日前后，月面东半明西半暗，自地视月，恰如弓形之半圆。

月是不透明不发光的球体，在日光照射下，有一个黑影，对此黑影有各种神话传说。《语类》记载：

或问："月中黑影是地影否？"朱熹回答："前辈曾有这类说法，看来或许有一定道理。但这黑影不是地影，而是地形遮了日光的缘故。这种情形就好比镜子被一物遮住日光，也看不见一样。"这表明不是地影入月中，而是地形遮住了日光，才有黑影。尽管朱熹的这个解释不符合现代天文学，但较之种种神话传说则高明得多。这表示朱熹在努力作科学的思考。

朱熹由对日、月、地三者发光与受光及三者运动关系的探讨，而进入到日月食原因的解释。

月绕地公转的轨道平面同天球相交的大圆，叫白道，即月道；地绕日公转的轨道平面在天球上载出的大圆叫黄道，日月食只有在黄道、白道相交时，才能产生。关于日月食产生的条件，朱熹是这样说的：

日食是日月会合处。月合在日之下，或反在上，故蚀。

月食是日月正相照。伊川谓月不受日光，意亦相近。盖阴盛亢阳，而不少让阳故也。

日食是为月所掩，月食是与日争敌，月饶日些子，方好无食。这是说，当日月运行到同一度数，两相会合，即月亮处于太阳与地球之间而成一直线时，月亮掩盖住了太阳，便发生日食。当地球处在太阳与月亮之间，地球掩盖了太阳照到月亮上的阳光而发生月食，这便称为"日月交蚀"。但是，当朔望之时而黄道、白道不值交切，或黄道、白道相交而不值朔望之时，都不会发生日月蚀。只有朔望日恰值黄道、白道相交，日、月、地球在一直线上，朔日，则月居日、月之间，月蔽日，而生日蚀；望日，则地居日、月之间，地影蔽月，而生月食。朱熹说：

其合朔时，日月同在一度。其望日，则日月极远而相对。其上下弦，则日月近一而远三（如日在午，则月或在卯，或在酉之类是也）。故合期之时，日月之东西虽同在一度，而月道之南北或差远于日，则不蚀；或南北虽亦相近，而日在内，月在外，则不蚀。朱熹这段话的意思是：当日月在黄道、白道相交会而又在朔望日时，就发生日月食。会时是日月在黄道、赤道十字路口相交处相撞。望时是月与日正相向。如一个在子，一个在午，皆同一度。假如月在毕十一度，日亦在毕十一度。虽同此一度，却南北相向。日所以蚀于朔者，月常在下，日常在上，相会时月在下面遮了日，故为日食。望时月食，是阴敢与阳敌，然历家又叫暗虚。盖火日外影，其中实暗，到望时恰当着其中暗处，故月食。上文中的"赤道"，应为"月道"，即"白道"。

朱熹的这一思想与"阴阳"学说相结合，并指出"所蚀分数"，则是他的过人之处。他说：

或日行月之旁，月行日之旁，不相掩者皆不蚀。唯月行日外而掩日于内，则为日食。日行月外而掩月于内，则为月食。所蚀分数，亦推其所掩之多少而已。这里的"所蚀分数"，是指"食分"而言。黄、自道不重合，二者交角平均为 $5°9'$。朔时太阳在黄、白道交点 $15°21'$ 以内，便发生日食，距交点 $18°31'$ 以上，则不发生，望时月亮在黄、白交点 $3°45'$ 以内，可发生月全食，距交点 $12°45'$ 以上，便不发生，这就是"食限"。在此"食限"之内，依照"所蚀分数"，便可推其所食的多少。这便是日全食、月全食、月偏食、日偏食、日环食等各种情况。

但朱熹并没有这样深刻的认识，也未举出准确的数值，但他用日月交距的远近来说明食分的大小或所食的多少，则与天文学原理相一致。

(3) 岁差与历法

古代天文学的宗旨之一是制订历法，历代都非常重视这件事。传说羲和主官历象授时，羲和的四个儿子羲仲、羲叔、和仲、和叔，也是掌历之官。并在东、南、西、北设有观测天文的测景台，这就是旸谷、南交、昧谷、幽都。可见中国古代对天文的观测不仅非常重视，而且知道在四方观测，以取得不同的数据，作为参照比较鉴别。而测日影的最终目的则是为了制订历法。"四方度其日景以作历耳"。这是与中国以农为本的农业社会相适应的。

朱熹认为，随着人们对宇宙认识的深入，观测的积累以及观测工具的改进，历法亦愈来愈精密。譬如《月令》所记载的历象与尧时不同，现在所说的历象又与《月令》不同。孟子时所说的七八月，乃今之五六月；十一、十二月，是今之九月、十月。由于岁差未解决好，而发生这种不合节气的现象。如：

尧冬至日在虚昏中昴，今日在斗昏中壁，而中星古今不同者，盖天有三百六十五度四分度之一，岁有三百六十五日四分日之一，天度四分之一而有余，岁日四分之一而不足，故天度常平运而舒，日道常内转而缩，天渐差而西，岁渐差而东，此即岁差之由。

大约在公元前1800年，冬至日在北方玄武星座的虚宿，现在冬至日在玄武星座的斗宿。只有解决岁差，才不至出现这种现象。由于日月和行星的吸引力，地球自转轴的方向发生缓慢地变化，因而天赤道的位置也在发生变化。这样，天赤道同黄道的交点（春分点）每年沿黄道向西移动50，2角秒，称为岁差。

如果以每年三月二十一日太阳由赤道以南经春分点进入赤道以北。六月二十二日太阳到最北边的夏至点，九月二十三日经秋分点到赤道以南，十二月二十二日到最南边的冬至点。然而，中国古代阴阳历，阳历年为365，243，585，00日，阴历月为29，530，71日。朱熹以一岁为365（235/940）=365（1/4）日，月为29（499/940）日，岁差为10（827/940），三年便是32（601/940）日。这样，如果开始以一、二、三月为春秋，那么，三年后便变成二、三、四为春季了，必须由闰月来调整。为此，朱熹主张如采取三年一闰，五年再闰，十九年七闰的办法，便可以解决岁差的问题。

为什么历法中规定有大、小月之分呢？朱熹认为，这与合朔有关。他说：

只是以每月二十九日半，六百四十分日之二十九计之，观其合朔为如何。如前月大，则后月初二日月生明；前月小，则后月初三日月生明。这是说，把上一次日月会合与下一次日月会合的间隔时间定为一月，亦即日月黄经相等的时间间隔，平均为29,5306日，这样便决定大月三十日为大尽，小月二十九日为小尽，前月大，后一个月的初二日月生明等。然而结果仍有余数。所以，沈括曾建议不再用根据月亮运行而定十二个月，以十二节气定为一年，把立春日作为一月一日，惊蛰日作为二月一日，大月三十一日，小月三十日。这样，每年的天数便整齐，而不出现闰余日数。这个建议有其进步性。但朱熹并没有采纳沈括的建议，仍以旧闰法来调节。他认为两个节度的时间长度约三十多天，两次朔日之间的时间长度为二十九天多，两不相等。随着时间的推移，气与朔相差越来越大，这也是置闰的原因所在。

3. 关于气象

朱熹说：天地统是一个大阴阳。

无一物不有阴阳乾坤，至于至微至细，草木禽兽，亦有牡牝阴阳。这是说，自然界中的各种现象，都是阴阳二气蕴缊、凝聚、碰撞、分散的结果。"阴阳"是自然界最具普遍性的范畴，亦是构成万物的最基本要素，也是最活泼和最有生气的成分。因而，它具有最大的解释功能。同时，"阴阳"范畴也是朱熹气象科学思想的基本范畴。

（1）气候与气象

气候与气象是气在宇宙间运动变化所呈现的各种不同的形态或形状。从气候来看，朱熹认为：

天地之间，阴阳之气升降上下，当分为六层。十一月冬至自下面第一层生起，直到第六层上，极至天，是为四月。阳气既已生足，便消，下面阴气便生。这样，阴阳之气升降、循环不已，往来于六层之中。朱熹这段话的意思，可用下图表示：阴气生5月——4月6月－3月7月——2月8月——1月9月－12月10月－11月阳气生朱熹把"气"（阴阳之气）分为六层，似喻《周易》的六爻而言。六爻构成了阴、阳二气的往来运动。这样，气候自是不同。

地域季节不同，气候也有差异。朱熹解释这个问题说：

人言北方土地干燥，恐暑月亦蒸湿。何以言之？《月令》云："是月也。土闰溽暑，天气下降，地气上腾。"春夏间天转稍慢，故气候缓散昏昏然，而南方为尤甚。至秋冬，则天转益急，故气候清明，宇宙澄旷。所以说天高气清，以其转急而气紧也。北方干燥，南方潮湿。春夏季节气候昏然，秋冬季节气候清明。其原因在于天运转的缓慢与紧急，使阴阳二气呈现上升、下降的运动造成的。

为什么有的地方到四、五月，雪还不化。朱熹以为，这是因为"阳气不甚厚"，故雪不能化。阳气充足，便能化雪，阴盛阳衰，气候温度低，所以到四、五月，雪才能融化。

多风的原因，朱熹以自己在福建漳州和泉州的体验，一般都是早上则风生，到中午最盛，午后风力渐微，至晚更无一点风色。由此可知：

盖风随阳气生，日方升则阳气生，至午则阳气盛，午后则阳气微，故风亦随而盛衰。这种解释虽不科学，但也有一定道理。

多阴的原因，朱熹讲：如西北边多阴，非特山高障蔽之故，自是阳气到彼处衰谢。盖日到彼方午，则彼已甚晚，不久则落，故西边不甚见日。古语云："蜀之日，越之雪"。言见日少也。

这是说，西北寒冷的原因是由于阳气衰微，阴气隆盛所至。

不过，朱熹将四川作为西北，是以南宋的地理位置而言的，并非真正中国的西北。

关于气象，朱熹还用"气"（阴阳二气）的概念，解释了雷电、云雨、霜雪、雹虹的成因，并批判了前人神秘主义的错误。

如雷电，朱熹说，雷犹如爆竹，爆开有响声，其所以这样，是由于阴阳二气相互作用的结果。他在解释张载《正蒙·参两篇》中"阴气凝聚，阳在内者不得出，则奋击而为雷霆"时发挥说：阴气凝聚，阳在内者不得出，故爆开而为雷。阴气凝聚，逼迫阳气；阳气淤积到极限，而不能出，于是爆开，突破阴气而发出雷声。

至于闪电，似乎是雷声前之现象。朱熹解释其成因为：闪电是阴阳二气相摩轧而积之极，然后迸裂开来，而出现电光，并非什么神物之所为，实在是气聚而成。如云雨，在雷雨之前，往往乌云滚滚，平常晴朗之日，也有白云朵朵。

朱熹在解释张载《正蒙·参两篇》"阴为阳得，则飘扬为云而升"时说：

阴气正升，忽遇阳气，则助之飞腾而上为云也。云在本质上说是阴气，只是由于它凝聚的密度有紧有松，运行的速度有迟有速，所以云变莫测。雨与雷相聚，阴阳之气，闭结紧密，忽然迸散出，称为"雷雨"。

而朱熹在解释《周易·小畜》时说：

凡雨者，皆是阴气盛，凝结得密，方湿润下降为雨。如做饭，盖得密了，气郁不通，四周便有湿汗。做饭是因为加热到100℃，水蒸气出来，遇冷而有汗珠。以此说明阴气凝结而成雨，有一定的科学性。也有阳气被阴气压坠而下为雨的情况。朱熹说：如阳气正升，忽遇阴气，则阴阳相持而下为雨。所以，阳气轻，阴气重，故阳气被阴气所压而为雨降下。也有一种情况是阴阳二气相持相对，又转化为阴压阳而成雨。这里，朱熹用阴阳二气的运动、变化来解释云雨的成因，驳斥了"龙行雨之说"的神秘主义。

如霜雪，朱熹认为霜是露结成的。但是，霜与露不同。《语类》中有这样的记载：

问："伊川云：'露是金之气'。"曰："露自是有清肃底气象。古语云：露结为霜。今观之诚然。伊川云不然，不知何故。盖露与霜之气不同；露能滋物，霜能杀物也。"这里，朱熹不同意程颐的说法，而取传统的说法，并通过观测验证霜是露结成的。他也不同意程颐以露是星月之气的说法。他讲：如果露真是星月之气，那么，高山顶上应有露。不然，高山顶上虽晴亦无露。所以，露只是自下蒸上。这说明露只是地上阴阳之气蒸发上升而形成的。至于高山无露的原因。朱熹解释道：

上面气渐清，风渐紧，虽微有雾气，但都吹散了，所以不结露。这表明是由于风紧吹散了露霜的原因。

雪不是露霜结成，是雨结成的。雨遇冷而凝结成雪。雪是风吹不散的，相反，风与雪相联系而成为风雪。同时，朱熹又用阴气解释雪花六瓣的形成原因：

六者阴数，太阴玄精石亦六，盖天地自然之数。《周易·系辞传》以天一地二，天三地四，天五地六，天七地八，天九地十。六是偶数，为阴；阴为柔，为水，所以水数六，雪花便六也。六是天地自然之数，雪花六出合于自然，而非有一个主宰者的安排。再者，《周易》筮仪，六、七、八、九为四营，六为老阴，即太阴，为可变之数，均符合天地自然之意。朱熹用《周易》数理来解释雪花六瓣的形成原因，显然是牵强附会。其实，雪花是在气温超出零下2、3度，便自然形成六角形。因为它是水的结晶体分子排列规则的结果。

如雹虹，朱熹认为雹是阴阳二气交争时，阴气胜，阳气衰的结果。由于阴胜而凝聚为雹，所以下雹时必阴寒。虹是雨气（阴气）被日（阳气），照射而成。虹不能止雨，它往往出现在雨过天晴时，是雨气已薄，日光散射雨气的结果。

蝀蛛，虹也。日与雨交，倏然成质，似有血气之类，乃阴阳之气不当交而交者。盖天地之谣气也，在东者莫虹也。虹随日所映，故朝西而莫东也，把虹说成血气之类，显然牵强。但朱熹竭力用阴阳二气加以解释，还是具有一定科学道理的。

（2）潮汐说

中国古人很早就知道潮汐与月亮的运行有关，王充曾说：涛之起随月盛衰。宋代沈括也强调月亮对潮汐的作用，而批评潮汐是由日出没而形成的观点。

朱熹继承了沈括的思想，解释潮汐说：

潮，海水以月加子午之时，一日而再至者也，朝曰潮，夕曰汐。由于月球和太阳引力的作用，使海洋水面发生周期性的涨落，潮汐的大小和涨落时刻逐日不同。然而，每当月亮正好在上中天或下中天的时候，就会发生海潮。生潮的时间又可分为早潮、晚潮，白天发生称为潮，夜间发生称为汐。每天有一潮一汐，两者之间间隔的时间平均是12小时25分钟，连续两次早潮、晚汐所间隔的时间平均为24小时50分钟，即每天的早潮或晚汐要比前一昼夜的潮或汐发生的时间平均落后50分钟。连续两次早潮、晚汐的间隔时间恰好和月球连续两次经过某一地点子午线（即通过该地点的经线）的时间吻合。

朱熹不仅吸收沈括的思想资料，而且对余靖（1000——1064）的潮汐说很欣赏。他认为关于"潮汐之说，余襄公言之尤详"。关于余靖的潮汐说，《朱子全书》卷十五有引：

余襄公安道曰：潮之涨退，海非增减。盖月之所临，则水往从之。日月右转，而天左转，一日一周，临于西极，故月临卯西，则水涨乎东西；月临子午，则潮平乎南北。彼竭此盈，往来不绝，皆系于月。何以知其然乎？夫昼夜之运，日东行一度，月行十三度有奇，故太阳西没之期，常缓于三日刻有奇。潮之日缓其期率亦如是。自朔至望，常缓一夜潮；自望至晦，复缓一昼潮。朔望前后，月行差疾，故晦前日三潮势长，朔后三日潮势大，望亦如之。月弦之际，其行差池，故潮之去来亦合沓不尽。盈虚消息，一之于月，阴阳之所以分也。

这是说，通过地球某点（包括地球自转轴）的平面（子午面）与天球的交线，称为该点的子午圈。月临子午，是指月亮在子午圈上，由于地球自转，月亮每天二次通过子午圈。当月亮在天顶半圈上的时候为月正午，月在天底的半圈上时称月正子。为什么会发生潮汐？主要是月亮的引力引起潮汐，太阳的引力也有作用。由于太阳距离地球比月亮远，作用力只有月亮的 $1/2$，因而太阳引起的潮汐被月亮引起的潮汐淹没了。但当朔或望时，太阳、地球和月亮近似在一条线上，太阳和月亮的引力加在一起，便发生大潮；而当上弦（阴历初七、八）和下弦（阴历廿二、廿三日）时，太阳和月亮的引力方向相反，月亮的一部分引力被抵消；便是小潮。但是，朱熹与沈括、余靖一样，限于当时科学技术水平，没有认识到太阳的引力对潮汐涨落的作用，因而否定这种作用是不对的。但是，他重视自然科学，重视实地调查，这种精神和态度是很可宝贵的。

朱熹在宇宙、天文、气象等自然科学方面，颇有建树。他孜孜不倦地进行自然科学的探索研究，是与他的为学之方——"道问学"分不开的。这种"道问学"的治学方法，具体表现在以下三个方面：

第一，讲求实理实学，反对虚理虚学。

朱熹曾把自己的哲学与佛老相区别。他说：

释言空，儒言实；释言无，儒言有；释言虚，吾儒实。佛教讲"空"、"无"、"虚"，儒家讲"实"、"有"。儒、释的实与虚之辩，就是"实其理"与"虚其理"，"虚其理"便无物、无理、一切皆空，只见得个"空虚寂天"，导致终日吃饭，却说不曾咬着一粒米；整天穿衣，却道不曾挂着一条丝这样一种荒谬的境地。而"实其理"，便有物、有理，万理俱实。凡是眼睛能看到的事物，如一草、一木、一昆虫之中，都有理。所以，一书不读，便缺了一书道理；一事不穷，便缺了一事道理；一物不格，便缺了一物道理。这样，朱熹便把自己哲学的最高范畴——理，称为"实理"，又把自己的学说称为实学，

朱熹所谓的实学，是指实理之学。他说："始言一理，中散为万事，复合为理。放之则弥六合，卷之则退藏于密，其味无穷，皆实学也。"实理实学便成为他研究自然科学的指导思想。正是这种求实的精神，使他在自然科学领域中获得了丰硕的成果。

第二，讲求实际调查观测，反对因袭臆想。

朱熹注重实地调查，见高山石中生有螺蚌壳，认为高山石中

生有蛎壳之类，是由于低洼之地变成高山，而蛎又喜欢生在泥沙之中，故便留在石中。这是柔化为刚，天地变迁形成的。由此，他作出海陆变迁，沧海变桑田的结论。同时，他也重视观测。他认为历法只能说个大概规模，若要说详细，必须仰观俯察。这就需要有观测天象的机械器具。但是，南宋初没有观测仪器，绍兴十三年（1143），太史局才开始制造浑仪。但是，朱熹苦于足痛，不能经常去观测，于是，为了观测研究的需要，他在家中安了一个浑仪。《宋史》记载："朱熹家有浑仪，颇考水运制度，卒不可得。"可见朱熹强烈的观测欲望和求实精神。正是由于朱熹重视实地、实际的观察，使他能够纠正前人的错误，而不简单因袭旧的说法或凭主观臆想，从而作出较符合实际的结论，而很多同时代的以及后来的哲学家都没有做到这一点。

第三，讲求认识事物的客观规律，反对神秘主义。

朱熹非常重视对自然社会规律的探讨，从宇宙的结构和演变，天文的气候气象，天体的运行，都有一定的规律，否则就要混乱无序。特别对于自然界怪异现象的解释，他都从事物本身或阴阳二气的运动变化来解释，决不采取儒家传统的"天人感应"目的论，即使对鬼神，也把它解释为"气"的屈与伸运动，而不苟同于谶纬迷信。基于他对宇宙学、天文学、气象学的研究观测和计算，认为自然界的怪异现象，都是天象的自然变化。如日食不是狗咬日，不是灾异；下雨非龙所为；雷电不是神物所为等。

朱熹不是离开事物本身去寻找事物的规律，而是从事物运动变化的本质联系和必然趋势中去求得。如他认为：

目前事事物物，皆有至理。如一草一木，一禽一兽皆有理。草木春生秋杀，好生恶死，仲夏斩阳木，仲冬斩阴木，皆是顺阴阳底道理（即自然的道理）。这种自然的道理，便是指自然界事物必然的、相对稳定的联系，即规律，这里没有神秘主义。

朱熹对科学成果、科学知识，采取兼容并蓄、广为吸收的开放态度。他从实理实学出发，对实际情况进行认真的调查观测；他对《黄帝内经》《灵宪》以及历代《天文志》作了广泛的研究，并根据事实，指出其中的对错；他在教学中，不仅教授经学、哲学、文学、史学、佛学、道学等知识，而且还讲授宇宙学、天文学、地理学、气象学、动物学、植物学、医药学等自然科学知识。

朱熹丰富的自然科学思想，以及他对自然科学提出的精辟见解，不能不说是两宋时代科学知识精华的结晶，是科学研究成果的升华。

文化教育理念

圣人司教化，黉序育群材。因心有明训，善端得深培。

朱熹不仅在哲学、经济、科学等领域中建树辉煌，独领风骚，而且他还是我国封建社会后期的一位重要的教育家。

朱熹热衷于教育事业，积极从事讲学活动约五十年。即使在从政期间，也不间断。他每到一地，整顿县学、州学，创办武夷精舍、同安县学、考亭书院，恢复白鹿洞书院和岳麓书院，制订学规，编撰教科书，为中国封建社会培育出了一大批知识分子。他在长期教学实践中所形成的教育思想，对后世产生了很大的影响。

"明义返本"的教育宗旨，"六艺教本"的教育内容和"博学慎思"的教育方法，构成了朱熹丰富而完整的教育思想。

1. 明义返本

朱熹十分重视教育目的的明确性。他认为，如果教育目的不明确，学校虽然还在，但无异于虚设。他说：

后世学棱之设，虽或不异乎先王之时，然其师之所以教弟子之所以学，则皆忘本逐末，怀利去义，而无复先王之意，以故学校之名虽在，而其实不举，其效至于风俗日敝，人才日衰，虽以汉唐之盛隆，无以仿佛乎三代之叔季。这就是说，由于学校教师的教学目的和学生的学习目的不明确，"怀利去义"，"忘本逐末"，至使教育一代不如一代，甚至比三代季世还不如。而且，朱熹认为这种状况，自秦汉以来就存在。

秦汉以来，圣学不传。儒者只知章句训诂之事，而不知复求圣人之意，明性命道德之归。朱熹以为，正因为这个缘故，才出现教育风俗日衰的现象。时至今日，像福州本来是为学最盛的地方，也是士气不作，风俗日败：

福州之学在东南为最盛，弟子员常数百人。比年以来，教养无法，师生相视，漠然如故人。以故风俗日衰，士气不作，长老忧之，而不能有以救也。福州尚且如此，其他地方便可想而知了。

朱熹认为，要扭转这种教育日衰的现象。必须要明确教育目的。即：

熹闻之侯之所以教于是者，莫非明义返本，以遵先王教学之遗意。"明义返本"便是朱熹奉行的教育目的。

首先，谈"明义"。

关于"义"，朱熹曾作过这样的论述：——"义"是"天理之所宜"。

朱熹在注释《论语·里仁》"君子喻于义，小人喻于利"章时说：

义者，宜也。君子见得这事合当如此，却那事合当如彼，但裁处其宜而为之，则无不利之有，君子只理会义，下一截利处更不理会。"宜"，按照朱熹的诠释，就是这事"合当"（即应当）这样，那事"合当"（应当）那样。所谓"应当"这样，"应当"那样的标准，便是"天理"。可见，"天理之所宜"，便是"天理"

所当作的，就是合乎"义"。他举例说，如今做官，应当廉洁勤勉，这是"天理之所宜"。所以，君子为官应当廉勤。这样做，就合乎天理，就是"义"。

——"义"是"此心之所制"。

什么是"心之制"？朱熹解释说：

心之制，却是说义之体。程子所谓处物为义是也；扬雄言义以宜之；韩愈言行而宜之之谓义。若只以义为宜，则义有在外意，须如程子言处物为义，则是处物者在心而非外也。"义为天理之所宜"，此事应当这样做，彼事应当那样作。这只是指处物而言，即是就处置外物来说，似乎与人们的道德思想无关。因此，朱熹进一步规定"义"为"心之制"，就是说"心"对人的行为起着支配作用。合于天理的事应当作，不合天理的事不应当作，其关键是"根于人心之固有"，是君子先验具有的"仁"之心。所以，朱熹说，这种"仁"之心才是"义"之本。

可见，"明义"的实质是发扬光大这种"仁"之心。关于"仁"，朱熹在《论语集注》中规定为仁是"爱之理"、"心之德"。这种"爱"和"德"具体体现在"三纲"的父子、君臣、兄弟之间，就是臣事君以"忠"，子事父以"孝"，弟事兄以"悌"；就是"居处恭，执事敬，与人忠"；就是"孝悌"、"忠恕"、"恭敬"、"仁义"、"礼智"等伦理道德规范。而在朱熹心目中，完备地具有这些伦理道德的仁人，就是孔子。他说：

圣人（指孔子）贤于尧舜处，却在于收拾累代圣人之典章礼乐制度义理以垂于世。

自谓能明其德，而不屑乎新民者，如佛老便是。不务明其明德，而以政教法度为足以新民者，如管仲之徒即是。略知明德新民而不求止于至善者，如王通便是。看他于己分上亦甚修饬，其论为治本末，亦有条理，甚有志于斯世，只是规模浅狭，不曾就本原上着功，便做不彻，须是无所不用其极方始是，圣人（孔子）只是常欲扶持这个道理，教他撑天持地。这里，朱熹指出，像孔子这样的"圣人"，就是以"仁"为己任的"内圣"（注重自己的道德修养）"外王"（注重对社会的功用）。归根结底，朱熹所谓的"明义"，就是以培养和造就"内圣外王"的"仁人"、"圣贤"为其目的。

其次，谈"返本"。

朱熹认为先王之学、圣人之教，就是以"人伦为本"。何谓"人伦"？

伦，序也。人之大伦有五：父子有亲，君臣有义，夫妇有别，长幼有序，朋友有信是也。朱熹把这"五伦"称之为教育的"定本"。他说："圣人教人有定本，即教人"人伦"的知识。这人伦的知识主要包括：父子有亲，君臣有义，夫妇有别，长幼有序，朋友有信。"这就是说，普天之下，人际关系千千万万，概括起来，只有五种，叫做五品人伦，简称"五伦"，即君臣、父子、夫妇、长幼、朋友之伦。社会上的每一个人都不能逃于五品人伦。每个人既为人父，又为人子；不为人夫，便为人妇；只要有人群，便有长幼；只要有交往，便有朋友；只要有社会，便有君臣。所以，"五伦"是千万人伦之大经。由此，朱熹规定"五伦"为教育的"定本"。而这个"定本"，不管是乡学还是国学，都应以此为教学目的。为此，他在《孟子集注》中写道：

父子有亲，君臣有义，夫妇有别，长幼有序，朋友有信，此人之大伦也。庠、序、学、校，皆以明此而已。庠、序、学、校的教育目的，都应以明"五伦"为根本。这是朱熹主张"返本"的第一层意思。

"返本"的第二层意思，朱熹认为，历来先王之学，都以明人伦为本：

昔者圣王作民君师，设官分职，以长以治，而其教民之目，则曰：父子有亲，君臣有义，夫妇有别，长幼有序，朋友有信，五者而已。盖民有是身，则必有是五者，而不能以一日离；有是心则必有是五者之理，而不可以一日离也。是以圣王之教，因其固有，还以道之，使不忘乎其初。这表明人们一日不能离开父子、君臣、夫妇、长幼、朋友此五者之关系，也一日不能离开亲、义、别、序、信此五者之理。而在这"五伦"之中，又以君臣、父子、夫妇三纲更为重要；在"五理"之间，又以亲、义、别三理更为关键。可是，历代儒生对"三纲"和"三理"内涵的理解存在着分歧：君、父、夫在三伦之中究竟各居于什么样的主导地位？君与臣、父与子、夫与妇三种人际关系究竟遵循什么样的原则？在中国思想史上，有着两种解释，

一种是韩非、董仲舒以及后世俗儒的解释，另一种是孔子、孟子以及后世正统儒生的解释。

《韩非子·忠孝》云：

臣事君、子事父、妻事夫，三者顺则天下治，三者逆则天下乱，此天下之常道也。这里，韩非的意思主要是责下，强调"下"要绝对地顺从"上"。至汉代，董仲舒又提出了一套阳尊阴卑的理论来解释"三纲"。他说：君臣、父子、夫妇之义皆取诸阴阳之道。君为阳，臣为阴，父为阳，子为阴，夫为阳，妻为阴。阴道无所独行，其始也，不得专起，其终也，不得分功。……王道之

三纲，可求于天。公侯不能奉天子之命，则名绝而不得就位，子不奉父之命，则有伯讨之罪，臣不奉君命，虽善以叛言。妻不奉夫之命，则绝。这里，董仲舒根据阳尊阴卑、阳上阴下的原则，更进一步强调臣、子、妻对君、父、夫的依赖和服从，并以惩罚来保障这种"下"顺从"上"原则的实行。

韩非和董仲舒是把三纲看作强制性的尊卑等级关系。后世俗儒沿着这种思路，进一步对三纲进行解释，便逐渐造成君权、族权、夫权三重精神枷锁，禁锢人们的灵魂，扼杀人们的个性。

孔子和孟子对于"三纲"内涵的解释，与上述意思有所区别。一方面，孔孟认为君与臣、父与子、夫与妇之间的上下尊卑等级关系，是社会最基本的道德原则，是应该严格遵守的。如孔子就说过："君君、臣臣、父父、子子"。但另一方面，又强调用仁义思想来理解君臣、父子、夫妇之间的关系。孔子讲：当君不义时，臣不可以不争于君；当父不义时，子不可以不争于父。而孟子的观点，则更为激进。他认为君有过则谏诤，反复不听则离去，君有大过，谏而不听，则可以撤换，甚至当做独夫民贼来诛杀。在孔孟看来，君臣、父子、夫妇之间的关系以无过为原则。尽管他们各自的地位和职分不同，但是，他们在"无过"这个原则面前，关系是平等的。而"无过"的标志就是仁政，就是博施于民而能济众。实质上，孔子和孟子是把上下之间的关系看成一种互为仁爱的道德关系，一种具有民本主义政治内容的伦理关系，而不是以服从为特征的专权关系。

朱熹以为，孔子和孟子对"三纲"的理解，才是儒家之"本"。他教育的目的就是要返回到这个"本"，使人们对"三纲""五伦"有正确的理解，并付诸实行。为了进行这种"返本"教育，朱熹继承了孔孟思想来解释三纲，他一方面认为君臣、父子、夫妇各对人伦双方都各有定位，应各守本分，"父传子继，君令臣行，定位不移"；另一方面，他又认为双方之间的关系是以仁爱之心作为道德保障的。这一思想反映在他的教育目的中，具体表现为：君为臣纲。

朱熹认为君臣之道，至大至要，是三纲中之大纲。他说：

君臣上下，两尽其道，天下其有不治者哉！欲斯民之皆得其所，本原之地亦在乎朝廷而已！君仁臣忠，是一个公共的道理。天下者，天下人之天下，非一人之私有。天下之大务，莫大于恤民，恤民之本，又在人君正心术以立纪纲。

朱熹认为，在为君之道和为臣之道二者之间，为君之道是主导方面，是君臣这一大纲中的大本。而君要立其大本，又必须要行仁义之道，以恤民为要，因为天下是天下人之天下。这样，君臣关系就是一方面，"君令臣行"，臣必须执行君的意图；另一方面，"以民为本"，君的意图又必须以亲民、恤民为本。由此，构成了君臣之间相辅相成，互为因果的关系。

为使君臣各行其道，各尽其职，朱熹认为要对他们施以"义"的教育，"义莫大于君臣"。因为自从有了人类，就产生了社会，有社会就有了国家，有国家就要有"君"与"臣"。因此，君臣关系是天然形成的，是极于人的性情之自然。"天生蒸民，有物有则，君臣之义，根于陛情之自然，非人之所能为也。故谓之君，则必知抚其民；谓之民，则必知戴其君。"君、臣（民）关系是"抚民戴君"。这就是说，为君要仁，以仁德治天下；为臣要忠，尽忠刚是对君的爱戴。这就是"君臣有义"。

父为子纲：朱熹认为这是"三纲"的基础。在封建社会中，家庭既是生产的基本单位，又是构成国家最基本的细胞。因此，儒家把"齐家"作为"治国"、"平天下"的一个重要方面。父在家庭中具有最高的权力，是一家之长。所以，朱熹说："君臣父子，定位不移。"肯定父道的主宰地位。但朱熹又认为父子关系应是"父慈子孝"，才合乎天理自然。他说：

为子须孝，为父须慈。子孝父慈，各止其所。朱熹认为，"五伦"中君臣、夫妇、朋友、长幼四伦属人伦，唯有"父子"一伦属天伦。人之所以有此身，是受形于母，而资始于父。即使强暴之人，见其子则怜；即使襁褓之婴儿，见其父则笑。这就是父子之道，天性自然。因此，父慈子孝是合于天性理所当然的。为使人们自觉地行"父慈子孝"的父子之道，朱熹主张对人们普遍进行"亲"的教育。这种"亲"，就是一种天性之爱。他讲：

父母爱子之心无所不至，唯恐其有疾病，常以为忧也。人兽犬马，皆能有以养之，若能养其亲而敬不至，则与养犬马者有何区别？父之慈体现在父母对子女的慈爱与教育，子之孝表现在子女对父母的奉养与敬重。生活中往往有子女忘却父母之恩，养而不敬，逆而不孝，甚至反目为仇者；也有父母失去对子女的慈爱，弃而不养，甚或杀妻灭子者。朱熹认为这都是为物欲所昏，利害所蔽，而不能发其本然之性。为了保持并发扬父慈子孝的本然天性，朱熹特别提出要从"父子相隐"和"父子相责"两个方面进行"亲"的教育。

关于"父子相隐"，朱熹说"父子相隐，乃是天理人情之至。"父亲做错了事，儿子为之包涵；儿子做错了事，父亲为之包涵。这是父子之爱心占上风，无暇顾及是非，是顺天理之自然。他在《论语集注》中引谢良佐的话说：

顺理为直，父不为子隐，子不为父隐，于理顺耶？瞽叟杀人，舜窃负以逃，遵海滨而处，当是对，爱亲之心胜，其于直不直，何暇计哉！朱熹在此强调的是天理人情，是父慈子孝的本然之性，而不是法制之理。他认为天伦之爱，胜过法制之理。但这种"父子相隐"是有一定限度的，朱熹认为超过这个限度，就要实行另一原则，即"父子相责"。在父母将陷于不义及至犯罪之时，子女必争于父母，以尽其孝；在子女将陷于不义而得罪之时，父母心戒于子女，以尽其慈。这就是"父子相责"，以示父慈子孝。不论是"父子相隐"，还是"父子相责"，都是为了发扬父慈子孝的天然本性，强化父子间的仁爱之心。这就是"父子有亲"。

夫为妻纲：关于夫妇一伦，朱熹说：

盖闻人之大伦，夫妇居一，三纲之首，理不可废。

士民当知夫妇婚姻，人伦之首，媒妁聘问，礼律甚严。朱熹之所以将夫妇摆在人伦之首的地位，有两点理由：一是从人性本源来看，性爱是人生的三大本能之一，是夫妇之伦的人性基础。因此，夫妇之伦源于本然之性，源于天地之心。二是从社会生活实际来看，人有不可以告父兄的事，但没有不可以告妻子之事。可见"男女居室，岂非人之至亲至密者钦"？夫妇关系，既是至亲至密，又是妇以夫为其纲要、为其依赖，故此，朱熹强调要对人们进行"别"的教育。夫与妇，一为主，一为从；一为尊；一为卑；一为上，一为下。这就是"夫妇有别"。

这样，朱熹将"父子有亲，君臣有义，夫妇有别，长幼有序，朋友有信"教民的五条目，作为《白鹿洞书院学规》，揭示出来。后又作为湖南岳麓书院的《书院教条》，以至成为后世学者的教学宗旨：教者，教此而已；学者，学此而已。

由于人气质不同而形成不同品性的人。在"明义返本"这个大的教育宗旨下，朱熹又针对不同人的情况，提出了不同的培养目标。

如关于"中人"的培养。所谓"中人"是处于"君子"与"小人"之间的不稳定的人。朱熹主张通过教育，使"中人"去气质之偏，物欲之蔽，正心修身，而培养为"君子"。

关于"富人"的教育。朱熹说："富而不教，则近于禽兽。故必立学校，明礼义以教之。"富易骄淫，如果不教育，就会与禽兽差不多，为非作歹。因此，对于富人，只有教之明礼义，知义理，才能将其培育为"善人"。

关于"懒人"的教育。朱熹以为人的"放逸怠惰"，是由于无过之失。如果对其进行教育，"劳而劳之"，"邪者正之"，"枉者直之"，便能纠其放逸怠惰之失，而使"事事自有个恰好处"，使懒人成为"贤人"。

朱熹"明义返本"的教育宗旨是为了培养有仁义之德，明五伦之理，能够齐家、治国、平天下的人才。他的这一教育宗旨成为中国后期封建社会的根本教育目标。

2. 六艺教本

为达"明义返本"的教育目的，朱熹对中国古代的教育制度进行了重要改革。

从先秦到南宋，中国古代的高等教育，一般是由王室、贵族、官僚所垄断。殷商时代的"右学"或"西学"，周代的"辟雍"，汉代的"太学"或"贵胄学校"，晋朝的"国子学"，南北朝的"玄学馆"、"儒学馆"，"史学馆"等，隋唐时期的"四门学"，北宋时期的"广文馆"、"国子学"、"四门学"、"太学"、"辟雍"等高等学府，招生对象基本上是王公、贵族和官僚子弟，只有少数低级官员与平民子弟才能进入这些学校学习。隋唐时期的文化教育发展极为迅速，但教育对象的等级界限仍然十分严格，不仅学生入学有等级限制，而且各大学之间也有等级区别，如"弘文馆"、"崇文馆"、"国子学"、"太学"、"四门学"的入学资格，都严格规定了官员的品级，只有"四门学"接受文武七品以上的子弟和"庶人"中的"俊秀者"。宋代时又一次兴学，范仲淹、王安石都改革了招生规则，除"国子学"专门招收七品以上的官员子弟入学外，太学、四门学、武学都扩大了教育对象的范围，各级官员的子弟以及部分庶民子弟都有入学资格，等级界限不再像唐代那样森严了，但由于私学受禁，地方教育和普及教育仍然收效甚微。

朱熹继范仲淹、王安石的教育改革后，又一次大胆地进行了教育改革。他积极提倡创立书院教育制度，扩大招生范围。他说：

古之圣王，设为学校，以教天下之人。使自王世子、王子，公侯，卿大夫，元士之适子，以至庶人之子，皆以八岁而入小学，十有五岁而入大学。

自天子至于庶人，无一人之不学。朱熹主张，人人都要受教育。这一思想是对孔子"有教无类"的继承。要想扩大教育面，就要改革教学内容。在这里，他按照人的年龄、心理和理解能力，把教学内容分为"小学"和"大学"两部分。

关于"小学"，朱熹认为从八岁到十五岁，为读小学时期。他说：

人生八岁，则自王公以下，至于庶人之子弟，皆入小学，而教之以洒扫、应对、进退之节，礼、乐、射、御、书、数之文。这段话说明了；一，受教育的范围；朱熹在这里是在提倡普及教育。这是他对中国古代教育制度的改革，二，是与这种普及教育相适应的教育内容。其中，洒扫、应对、进退之节，是指对于道德伦理规范的践行。譬如学事君、事父、事兄、处友等事，就是教育儿童按着"忠"、"孝"、"悌"、"信"等道德伦理规矩去作。由于儿童只能学怎样去做，而不明白其中之所以这样做的道理，没有辨别的能力，因此，在教儿童洒扫、应对、进退之事时，也要特别谨慎，以免染上恶习。《语类》记载："至人教小孩洒扫、应对，件件要谨慎。一个小孩举止有礼，穿戴齐整，因为是他家长从小教诲得如此。"只有从小很好教其洒扫、应对，长大了才不会养成坏习惯。儿童教育就是要从小就打下好的基础。

小学教育的所谓"六艺"，这里既有贵族所用的礼乐，也包括实用的知识技能。这种"六艺"教育是知能兼求、文武兼备，以求个性人格全面、和谐发展的教育。

"六艺"中的礼和乐，主要是从德育方面对儿童进行教育，如从小教育孩子爱亲、敬长、隆师、亲友之道，长大便可以修身、齐家、治国、平天下为本；书和数，主要是从智育方面对儿童进行教育，如他所说"行有余力，诵诗读书，咏歌舞蹈"，主张儿童读《诗》，学数等；射和御，则是对儿童进行体育方面的教育。

对于小学的"六艺"教育，朱熹非常重视。他认为小学教育的好坏，因为这直接关系到将孩子培养成什么样人的大问题。因为大学教育与小学教育具有密切关系。大学教育既是小学教育的继续，又是小学教育内容的深化。从继续来看，小学主要是学其事，大学则是学那事所以然的道理；从教育内容的深化来看，小学是教其事君、事父、事兄、处友等，大学则是教发明此事之理。所以，《语类》有这样的记载：

问："大学与小学不是截然为二，小学是学其事，大学是穷其理以尽其事否？"

曰："只是一个事。小学是学事亲、学事长，且直理会那事，大学是就上面委曲详究那理，其所以事亲是如何"所以事长是如何。这便是对事的认识的深化。

关于大学，朱熹认为，十五岁以后为读大学的时期。他说：

及其十有五年，则自天子之元子、众子，以至公卿大夫元士之适子，与凡民之俊秀，皆入大学。而教之以穷理、正心、修己、治人之道。他在《经筵讲义》中也说："大人之学，为穷理、修身、齐家、治国、平天下之道。"其中，穷理、修身、正心、齐家为"内事"，是讲自身的修养；治国、平天下是"外事"，就是《大学章句序》中所说的"治人"。

关于大学教育内容的教本，朱熹主张以"六艺"为基础教本。大学的"六艺"是指《诗》《书》《乐》《易》《礼》《春秋》六经。他说：

古之圣人作为《六经》以教后世。《易》以通幽明之故，《书》以纪政事之实，《诗》以导情性之正，《春秋》以示法戒之严，《礼》以正行乐以和心。其于义理之精微，古今之得失，所以该贯发挥，究竟穷极，可谓盛矣。朱熹主张以传统的儒家经典——《六经》为教本。因为古代老师以《六经》为传道、授业、解惑的教本，所以后世亦应如此。

如果仅以儒家《六经》为教本，则并无新的意义。然而，朱熹对于《六经》的解释，却有自己的独到之见。例如：

以通幽明之故的《易》来说，"《易》之作，本只是为卜筮，如极数知来之谓，占莫大乎蓍龟，是兴神物。……盖古人淳质，不似后人心机巧。事事理会得。古人遇一事，理会不下，便须去占。占得乾时，元亨便是大亨，利贞便是利在于正。古人便守此占，知其大亨，却守其正以俟之。……即此是《易》之用，人人皆决于此，便是圣人家至户到以教之也。"这是说，确定《易》是一部卜筮的书，是符合《易》的本来面目的。既然本为卜筮而作，就否定了《易》所具有的神圣不可违背的经书性质。由于古人很淳朴，蠢然不晓得"义理"，因此而有《易》之作，后人明"义理"，事事理会得，便不以卜决疑，而是断以"义理"。这样，后人便不以《易》为经，而只是按《易》去卜筮。其结果，动摇了《易》为经的地位。当时，这种动摇《易》为经的言论，遭到了世人的反对。但朱熹坚持自己的观点。他说："圣人为了卜筮而作《易》。但许多人不了解这一点，我常常煞费气力，与他人分析。像孔子就只教人读《诗》《书》《礼》等，而原不曾教人去读《易》。"朱熹这种与世不同的见解，在当时是很难得的。

对于《诗》，朱熹打破了《诗》三百篇皆"思无邪"的教条，认为：不是整部《诗》皆思无邪，其中有不"思无邪"的篇章在。如郑人之诗，多是言当时风俗男女淫奔之事，岂能"思无邪"！关于孔子删《诗》说，朱熹也持怀疑态度。他讲："所言孔子执笔删那个，存那个，只不过是一种传说而已。"朱熹关于《诗》的这些见解，固有他的独到之处。

关于《春秋》，朱熹也有自己的见解。他认为《春秋》"未必如先儒所言，字字有义也。"对此，朱熹解释说，孔子写《春秋》，不过是想写二三百年的历史罢了，并没有寓褒贬在其中。如果后世之人，非要在一字、两字上讨意思，甚至以日月爵氏名字上皆寓褒贬，便是穿凿附会了。

关于《礼》，朱熹说："学礼多不可考，盖其为书不全，考来考去，考得更没下梢。故学礼者多迂阔。……其他礼制皆然，大抵存于今者，只是个题目在尔。"又说："古礼繁缛，后人于礼日益疏略。然居今而欲行古礼，亦恐情文不相称。"朱熹还主张"三礼"中，应以《仪礼》为主，大戴《礼》与小戴《礼》为《仪礼》之传。

此外，朱熹怀疑《古文尚书》为伪书，这一观点为清人考据学派所肯定。

以上史实表明朱熹主张以儒家经典——六经为大学的教本。但又不迷信传统说法，而能够作出合乎实际且又有特色的解释。这也是朱熹教育改革的一个重要方面。

不论是小学的"六艺"还是大学的"六艺"，其教育内容都是儒家的伦理道德、自我修养、天地自然为主，其目的是为了造就"内圣"与"外王"和"明德"与"新民"相统一的圣者和仁人。

3.　博学慎思

朱熹在长期讲课授徒中，形成了自己一套教育方法，"教必有法"、"商量式"、"因材施教"等等，但归结起来，可以概括为"博学观"和"慎思论"。

关于"博学观"，朱熹认为，所谓"博学"就是"博通专精"。在教学方法上，朱熹十分重视《论语》中"君子博学于文"、"博学而笃志"和《孟子》中"博学而详说之，将以反说约也"的教学思想，将"博学"与《中庸》的"道问学"结合起来，纳入教学过程中。他说："博学是致知。""圣人教人有序，未有不先于博者。"学习的重要目的之一是求知识，而要成为一个学问渊博、思想精深的人，就必须切切实实地做到"博学"。朱熹"博学观"的基本内容包括三个方面：

（1）博学就是实行。

知识是人对客观世界认识的结果，它反映客观事物的属性、联系或关系，人类知识来源于直接经验，对事物的认识是在生活实践中实现的，即在接触与处理事物的活动过程中实现的，而不是冥思苦想的结果，因此，离开了"多闻"、"多见"、"多识"、"多问"，人们则无法获得直接知识。为此，朱熹所说的"博学"，不专指学习书本知识。读书固然是"学"，而多闻、多见、多识、多问也是"学"，通过闻、见、识、问及读书诸多途径去广博地接触与获取直接经验和间接经验，是朱熹"博学"思想的真谛所在。而其中他把闻、见、识、问等实行，视为"博学"的基础，即视"实行"为"博学"第一义。

这一思想反映在他解释《论语·泰伯》中"君子笃于亲，则民兴于仁"和"笃信好学，守死善道"两句话时说：

笃，厚力也。

知得不实，故行得无力。

见得分明，则行之自有力；知之未至，所以为之不力。这表明，在实行方面越肯下功夫，则知识的获得就越精、越深、越多，即越博学，博学来自于笃行、力行、实行。

另外，朱熹在与陈淳讨论"博学"方法时，也强调实行就是博学的基础，他说：

今也须如僧隶行脚，接四方之贤士，察四方之事情，览山川之形势，观古今兴亡治乱得失之道，这道理方得周遍，不是决然守定这物事在一室，关门独坐便了，便可以为圣贤。朱熹说这段话的时间是他七十岁之时，这是他治学思想的晚年定论，亦是他教导学生学习的大宗旨。其中的"接"、"察"、"览"、"观"就是"实行"的具体方法，通过这些具体方法，就会在实际中理会许多事理，而成为知识渊博的圣贤。

再有，从朱熹对自己的私塾导师程颐关于"真知"思想的阐发中，也表明了博学与实行的统一。程颐说：

向亲见一人曾为虎所伤，因言及虎，神色便变，旁有数人，见他说虎，非不知虎之猛可畏，然不如他说了有畏惧之色。程颐这段话，生动、形象地阐明了一切真知来源于直接经验的道理。只有被虎伤过的人，才知道"虎之猛可畏"。程颐由此得出"学者深知亦如此"的结论。即在亲身实行的基础上，才能积累丰富的知识，实行就是知识。朱熹进一步发挥程颐的这一思想，说：

曾被虎伤者，便知得是可畏，未曾被虎伤的，须逐旋思量个被伤的道理，见得与伤者一般方是。如今人理会学，须是有见闻，岂能舍此？先是于见闻上作功夫，到然后始能贯通。方其知之而行未及之，则知尚浅，既亲历其域，则知之益明，非前日之意味。这几段话表明，朱熹非常重视闻、见，重视亲历其域，既强调"实行"的重要性。因为实行可以转化为知识。受虎伤，则知虎猛；行之广，则知之广；行之深，则知之深。这就是"博学"与"实行"的统一性。

朱熹本人的博学多识，也正是他实行的结果。他把"读万卷书，行万里路"作为自己一生治学的宗旨。据《福建通志·朱熹传》记载，朱熹的足迹遍历闽、浙、赣、湘四省的名山大川与文化遗迹，他登南岳，观造化之神工以悟宇宙变化之理；他上庐山，览山川之形势以证其所学；他游山水，吟诗作赋；他访书院，升堂讲学。如果不是因北方失陷，战争频繁，朱熹的游历决不会限于南方诸省。朱熹像司马迁、杜甫、李白、玄奘、沈括、徐霞客等大学者一样，通过实地调查、访问、验证，才集学问之博，成为一大家。

(2) 博学就是精通。

朱熹一方面反对"唯书是读"；另一方面又强调"若果有志，无书不可读"、"博学于文"、"于文无不考"。他说：

若果有志，无书不可读，但能剖析精微，玩味久熟，则众说之异同，自不能眩，而反为吾磨砺之资矣。

君子学欲其博，故于文无不考。

与认识过程相比较，教学过程有其特殊的规律。教学过程是在特定的文化环境中，通过书本，有计划、有目的地向学生传授文化知识、技能技巧的认识活动，它比一般认识过程更经济、更系统。所以，"博览群书"是"博学"的必经之路。但朱熹又主张在博览群书过程中，必须处理好博与精、博与通的关系，才能通过"博精"、"博通"，而达"博学"。

博与精是讲人的生命与精力是无限的，教学过程亦受时空限制，而书籍无穷，要以有限的生命、精力求穷尽浩如烟海的书籍，探求日新月异的知识，是无法办到的事情，所以"博学"不是漫无边际的读书，而是要达到"精"的治学目的。朱熹教导学生，要真正成为一位"自成一家之言"的学者，除了"远游以广其见闻"以外，在"博学"的过程中，还要注意善立主脑，循序有渐，以达博精。朱熹说：

博学，谓天地万物之理，修己治人之方，皆所当学，然亦各有次序，当以其大而急者为先，不可杂而无统也。读书之法，当循序而有常，致一而不懈，从客乎句读文义之间，而体验乎操存践履之实，然后心静理明，渐见意味，不然，则虽广求博取，日诵五车，亦奚益于学哉!这里，朱熹提出了"循序渐进"的教授法。

何谓"循序渐进"? 朱熹说："循序而渐进，熟读而精思。"又举读《论语》和《孟子》两书为例。他说："这两部书，要先读《论语》而后读《孟子》，精通一部后再读一部。读时，要按篇章、文句、首尾、次第的顺序而读，不可乱也。"是说要一书一书的读，一篇一篇的读，务求领会书的意思，不能前面还未搞懂，就去看后面的;这个还未搞通，就去看那个，而必须由前到后、由浅入深。因为"圣人言语一重又一重，须入深处看。若只要皮肤，便有差错，须深沉方有得。书要一篇一篇地穷究通透，才能有益。"循序渐进"的目的，就是要达到"精"。只有对学问达到精深穷究的程度，才可称为"博学"。这就是"博"与"精"的关系。

博与通是说做学问要能够触类旁通、举一反三，这样才能在"博通"基础上达"博学"。这种思想，实质上是道器论与理气论的哲学思想在朱熹教学理论上的贯彻。他说："譬如草木，理会根源，则知千条万叶各有个道理，事事物物各有一线相通。"须是穷理多，然后有贯通处。读书也是这样，如："道理即这一个道理，《论》《孟》所载，是这一个道理;《六经》所载，也是这个道理。但理会得了，时时温习，觉滋味深长，自有新得。"这就是朱熹强调的"温故而知新"的教授法。"温故"方能"知新"，"新"的知识是从"故"中得来的。"新者只是故中的道理，时习得熟，渐渐发得出来。"温习旧的道理，达到"通"时，便会得到新的道理。究其实质，温故而知新就是讲做学问要能够触类旁通地思考，一通则百通，举一则反三，这样就能达到"博学"。这也就是"博"与"通"的关系。

朱熹本人就是正确处理了"博"与"精"、与"通"的关系，博览群书而真正"博学"的人。黄百家在《宋元学案·晦翁学案》附录的按语中说："其为学也，……博览群书，自经史著述而外，凡夫诸子、佛老、天文、地理文学，无不涉猎而讲究。"此说一点不假。朱熹晚年回忆自己的治学经历时也说："某旧时，亦要无所不学，禅、道、文章、楚辞、诗、兵法，事事要学，出入时无数文字。"朱熹之所以能够成为集宋代理学之大成，兼备宋代经史文章之精华的"一世学者宗师"，得益于"博览群书"所确立的基础。

（3）博学就是切问。

在教学方法上，朱熹主张应以学生自学为主。自学中一个重要问题，是"学"与"问"的关系。对此，朱熹认为应提倡让学生"多问"、"每事问"、"不耻下问"、"以能问于不能"等，即"切问"。学生在问的过程中，就可以增长知识，积累知识，最后达到"博学"。正是在这重意义上，朱熹认为"博学"建立在"切问"的基础上。

朱熹这一思想是对孔子思想的继承和发挥。《论语》中的"问"字，出现过120次左右，而"问"的内容涉及"问仁"、"问政"、"问智"、"问礼"、"问孝"等等。孔子要求治学者遵循"知之为知之，不知为不知，是知也"的态度学习，不应该不懂装懂，强不知以为知，而应采取"学而不厌"的精神。"善问"、"好问"，就是这种"学而不厌"精神的具体表现。如《论语》记载：

子贡问曰："孔文子何以谓之文也？"

子曰："敏而好学，不耻下问，是以谓之文也。"

子夏曰："博学而笃志，切问而近思，仁在其中矣。"这里，孔子将"敏而好学"与"不耻下问"相对举，他的学生子夏将"博学"与"切问"对举，表明了"学"与"问"作为一对对立统一的范畴，它们之间是相互联系、相互转化、相互促进的。通过"切问"、"审问"，可以将不懂的事理学懂，不会的知识学会，这样，"问"就转化为了"学"。"问"的越多、越广、越深，就会转化为越多、越广、越深的"学"。久而久之，"切问"就转化为"博学"。

朱熹就是这样，将"学"与"问"贯彻于他整个教育过程始终，最能证明这一点的便是一部《朱子语类》，就是朱熹回答学生提出的各种问题或者他向学生提出各种问题的真实记录。

关于"慎思论"是朱熹从改革宋代官学以"记诵训诂文词"为主的教学入手，而提倡"开发其聪明，成就所德业"的教育方法。所谓"慎思论"是朱熹关于培养独立思考能力的理论。

"慎思"原是《中庸》的作者总结孔子关于"思"的理论概括成的一个范畴。朱熹在《中庸》的启示下，结合自己的教学实践，比较系统地综合与发展了儒家的"慎思"思想，形成了他作为教育方法之一的"慎思论"。

朱熹的"慎思论"，主要包括三方面内容：

第一，慎思与学识相互依赖。

"慎思"，从教育方法角度分析，是指受教者独立思考问题。

其中，"慎"是谨慎的意思。《大学》说："君子必慎其独也"。这表明，古代儒家学者是将"慎"与"独"二字连用为"慎独"。其意为君子在人见闻不及之处，也要谨慎处之。朱熹在《大学章句》中解释"独"字时说："独者，人所不知而己所独知之地也。"故"独"又含有"单独"、"独自"、"独立"的意义，与个体的思考、行为相关联。"思"，含有思虑、思考、思念、思索的意思，指人的思维活动。如《论语》中所说的"君子有九思"、弗思何以得"、"疑思问"，《荀子》中所言的"思索以通气"等，都是指这个意思。可见，"慎思"是指思考或独立思考的意思。

朱熹"慎思论"最重要的特征是重视在学习过程中，学会思考和运用思考能力。他强调思考的"变通"与"用进废退"，把思维的应用视为发展智力的中心环节。故此，他提出了"学源于思，思所以发其聪明"的命题。这一命题的中心是"学"（学识）与"思"（慎思）的关系。按照这一命题的内容分析，在朱熹教育思想中，"学"与"思"的关系，应是"学"→"思"→"学"。即"慎思"与"学识"相互依赖。

之所以说"学源于思"，是因为朱熹所说的"思"，不是静止的东西，而是不断运动着的思维过程。朱熹把这种运动着的思维，比喻为"源头活水"。只有善于运思的人，才能使自己的思想像活水那样，源源不断地涌出。而"新知"、"新见"，也往往是在学习者进行独立思考的过程中萌生出来的。反之，如果学习者懒于思考，只知跟随前辈的足迹，模仿长者的行为，就会使自己的创造性思维窒息。由此，也不会产生新的知识，新的思想。

之所以说"思所以发其聪明"，是讲学习者都有这样的体验，当他面对一些意想不到的问题时，常会感到思路穷窘，"穷则变，变则通",只有善于独立思考者,才能善于从困境中解脱出来,或者以原有的知识为激思的依据而求得触类旁通的效果,或者在思考中萌生新的见解。这说明,独立思考是灵感的前奏。

在"学源于思,思所以发其聪明"这一命题中,朱熹特别强调思考的"变通"和"用进废退"。

朱熹用《易》的原理来阐述思考的"变通"。他说:

极出那深,故能通天下之志,研出那几,故能成天下之务。这是说,学习者对面临的新问题作了反复思考之后,仍然不能解决。此时,思考会暂时"中断",但所思考的问题仍然隐藏于潜在的意识之中,这种潜意识的思考历程,就是"极出那深"、"研出那几",即"极"或"研"中孕育着解决问题的新方法的思考方式。这样,经过潜伏期的酝酿,学习者面前会出现"豁然贯通"的境界。这种境界就是新知的产生,就是智慧的呈现。

"用进废退"亦是朱熹"慎思论"的一项重要内容。其意是说,如剑要磨才会锋利,土要积才能成山,井要掘才可见水,思(思考、运思)要"用"即应用与实践,才能"周于世用",不断进取,得到新知;否则,"废"即不磨砺,则思想迟钝,停滞保守,也不会有新创见。为此,朱熹十分重视《中庸》中"人一能之己百之,人十能之己千之"的思想,重视程颐的"人思如涌泉,浚之愈新"和张载的"濯去旧闻,以来新见"的思想。这些与"用进废退"同出一辙,都是强调慎思的重要性。同时,朱熹也十分欣赏庄子"庖丁解牛"的寓言。他认为这个寓言中蕴含着"用进废退"的哲理。这就是"学源于思,思所以发其聪明"的方法,这也是"学"与"思"相互依赖的具体表现。

朱熹关于"学"与"思"相互依赖、相互联结的思想,在

《朱子语类》中有许多论述。例如：

学与思须相连，才学这事，须便思量这事合如何，学字甚大，学效他圣贤做事。

学而不思，就会迷惑而无所得，如读书不思道理是如何，则罔。

思而不学则殆，虽用心思量，不曾就事上习熟，毕竟生硬，不会妥帖。以上论述阐明了"思"（慎思）与"学"（学识）之间密不可分的相互依赖关系。

第二，慎思与事理相互发明。

朱熹认为独立思考，不是凭空一个人冥思苦想，而必须要围绕着"这事道理"展开，否则，"思"就会迷失方向。为此，朱熹特别强调"事与思相互发明"。他说：

若舍此平易显明之功，而必搜索窥伺于无形无迹之境，窃恐陷于思而不学之病，将必神疲力殆，而非所以进于日新矣。就是说，脱离实际或现实的空想、乱想，既不可能达到目标，也不可能有所收益。思考，应该寻求事实的根据，分析客观的情况，观察事物的情境，才会有所成效。可见，朱熹反对脱离实际的空想，重视指向目标的思考。过就是他所说的"事（事理）与思（慎思）相互发明"的精神实质。

"事理"即事物的道理，往往蕴藏在事物的内部关系之中，这是事物的本质或内部规定。因此，要揭示和把握事物的内在的本质关系，就必须联系此事物本身去作细致的、深刻的思考。朱熹说：

事物可见，其理难知，即事即物，便要见得此理，但要真实于事物上见得这个道理，然后于己有益，大学之道，不曰穷理，而谓之格物，只是使人就实处究竟，事事物物上有评多道理，宽之不可不尽也。朱熹这里所说"事"或"物"，不是指凝滞不动的静态的事物，而是指发展、变化、运动着的事物，也就是《易》所说的"生生不息"。事物是变动不居，日新又日新的，所以，"事与思相互发明"也是一个活泼的发展过程。

由于朱熹认识到"生生不息"的规律是"事物"所具有的根本规律，所以，他将"思"视为一个过程。在他看来，学习者要从特定的时间、地点和条件，去认识事物的一切联系，以便从中发现其本质规律。如植物长化收藏的过程，季节春夏秋冬的变化，宇宙隆潜变迁的现象，所体现的都是事物"生生不已"的新陈代谢、运动发展的规律。学习者就要随着事物的发展，从发展的角度去认识、把握事物的规律，即事理。这是指"思"对"事"的发明。

另一方面，"思"在发明"事理"的同时，"事"也在发明"思"。这是因为事理常常隐藏在现象之内，为了认识事理，就必须从事物的外部联系深入到事物内部，透过事物的现象去把握事物的本质。而这一过程，又是对"思"的训练、实践而深化、升华的过程。故此，朱熹特别强调"精思"、"思得熟"、"深沉潜思"。他说：

一事上皆有一个理，久而思得熟，只见理而不见事了。朱熹这里所说的"只见理而不见事"、"自生而至熟"，就是指事理被揭示、被认识的阶段。而这时的"思"也达到了"思得熟"的深层阶段。这就是"事"对"思"的发明。

"事与思相互发明"是朱熹哲学认识论"格物致知"和"格物穷理"思想在教育方法上的具体体现。在教育方法上，朱熹要求学生把"思"与具体事、物紧密结合在一起，在"事"中思考，在"物"中思考，才有所得。

若不接物，何缘得知？而今人也有推极其知者，却只泛泛然竭其心思，都不就事物上穷究，如此则终无所止。朱熹反对凭空去冥思苦想，强调在与具体事物的接触中思考事物之理。这充分体现了朱熹教育思想的实践理性。

第三，慎思与明辨相互补充。

如果说"慎思"是指教育过程中的独立思考阶段，那么"明辨"则是指思想交锋的过程，即思维最活跃的时刻。没有明辨，就无法澄清是非，认识真伪，审定善恶美丑，就无法思考出解决问题的正确方法。所以，"慎思"与"明辨"的关系是"慎思"偏于内，"明辨"偏于外，两者相互补充，构成了教育过程中的两个重要环节。

"明辨"作为"慎思"的补充，在于它是一种"反省的思维功能"。这是因为明辨要求学习者通过独立思考疑难问题之后，把握问题的精神实质，分清是非，识别真假，辨析善恶，鉴别美丑，从而求得真确的、有价值的知识。所以，朱熹在《中庸》注中指出："学问思辨，学而知之也；笃行，利而行也。"可见，他是将"思"（慎思）与"辨"（明辨）同列为"求知求能"的范围。朱熹在教育学生时，也十分强调"思"与"辨"相结合，发扬先秦诸子提倡的争鸣学风，积极开展师生之间、师友之间、学生之间的学术论辩，通过"辩"的方式引导学生去追求真理，获得学问。

"明辨"的"明"，含有光明、清明的意思；"辨"有明察和判别的意思，《易经》说："同以辨之"。因此，"明辨"指思考、猜测和探索疑难问题之后所获得的明晰的、确切的、有价值的知识，亦指学习者在质难问疑时，运用推理、判断、归纳、演绎、分析、综合等思维方式，探求真理的思维过程。不过，这种思维方式尚需语言这件外衣，以辩论、争论、讨论的形式表现出来。正是在这重意义上说，"思"是"辨"的内在根据，"辨"是"思"的外在表现；"思"得越深，"辩"得越明；"辨"得清楚，是"思"得精的结果。学习者通过慎思与明辨的相互补充，可以学到更透彻的知识。

朱熹从教育目的、教育内容和教育方法等方面，形成了他的教育思想。朱熹教育思想在中国教育史上，具有重要的历史意义。因为它开启了中国封建社会后期七百余年的教育之路，朱熹本人也成为继孔子之后的第二个最有影响的教育实践家和思想家。

走向世界

旧学商量加邃密，新知培养转深沉。却愁说到无言处，不信人间有古今。

朱熹生前曾说过这样一句话："非徒有望于今日，而又将有望于后来也。"这是说，他不惧怕他的学术思想在他活着时被当局者所排斥，而深信将来他的著作和思想，一定会流传于世，弘扬天下。历史验证了朱熹的预言。

随着历史的发展和时代的变迁，朱熹学术思想的价值，愈来愈被人们所认识，他的地位也愈来愈受到尊崇。朱熹被抬入孔庙，与中国第一大圣人——孔子同样，受到人们的顶礼膜拜。他的学术思想，从宋末，历经元、明、清七百年间，一直是中国封建社会的官方哲学，具有不可动摇的正宗地位。

与此同时，朱熹的著作和思想又远涉重洋，在日本、朝鲜，乃至在欧美，生根、开花、结果，形成了日本朱子学、朝鲜朱子学和欧美朱子学。朱子学成了国际文化，尤其是东亚文化的重要组成部分，朱熹也成了国际知名学者。故本章以"海外篇"为题，介绍朱熹思想在日本、朝鲜及欧美传播、发展、演变的情况。

1. 日本朱子学

中国朱子学最初传入日本是在镰仓幕府（1192 年—1333）的初期。镰仓幕府是关东武士首领源赖朝在关东地区的镰仓（今东京都附近）建立的以武士为中心的政权。武家政治奖励海外贸易，而宋代的学术文化，也恰好适应了日本新兴武家政治的需要。因为武家极力吸收中国的净土宗和禅宗。这样，宋代赴日的中国僧侣和日本来宋的日本僧人，在传播和学习净土宗、禅宗的同时，还将大量有关朱子学的书籍带到了日本。所以，在朱子学传播过程中，起重要作用的是中日两国的僧侣。

　　据说朱子学的最初传入者是日本禅僧俊芿。俊芿法师于 1199 年由两位弟子陪同，来到中国，先在四明（今浙江省鄞县）学禅学。后到华亭（今上海松江县）跟北（足＋间）禅师学习朱子学。他于 1211 年回到日本。他回国时携带了大量书籍，其中儒家书籍就有 236 卷之多。"宋书之入本邦，盖首乎俊芿等，多购儒书回自宋。"另外，还有一种说法，认为在日本，朱子学的首倡者是入宋僧巴尔。他于 1241 年回国时带回大量儒佛书籍，其中有朱熹著作多卷，如《晦庵大学或问》《晦庵中庸或问》《论语精义》《孟子精义》等。自巴尔后，禅僧天佑、净云等陆续入宋归日，在日本传播禅宗和朱子学。

　　与此同时，中国僧侣也前往日本，在传授朱子学中起了很大作用。其中著名的有圆尔辨圆、兰溪道隆、子元祖元、一山一宁等僧侣。这些人都是通晓朱子学的禅僧。他们在日本一面传授禅学，一面传授朱子学，使朱子学在日本得到很快传播。到后醍醐天皇时代，禅僧玄惠法印开始为后醍醐天皇进讲朱熹的《四书集注》，使朱子学登上了宫廷讲台。室町幕府时代（1336—1602）京都成了日本文化中心。号称京都的五山禅僧（天寺寺、相国寺、隶仁寺、东福寺、万寿寺等寺院的禅僧）经常在一起学习、研讨朱子学。室町后期的禅僧桂庵开始用"和点"（日文训点）标点朱熹的《四书集注》，并于 1481 年出版了朱熹的《大学章句》。由此，中国朱子学在日本得到了广泛而深入的传播。

中国朱子学在日本的传播整整用了四百年时间。然而，朱子学在其传播的四百年中，始终从属于佛教，没有摆脱佛教的束缚。一直到了德川时代（1603—1867），朱子学才摆脱了佛教禅学的羁绊，走上了独立之路。

德川时代日本朱子学可分为五个学派，即：京师朱子学派、海西朱子学派、海南朱子学派、大阪朱子学派和水户学派。它们各自从不同的侧面继承、发展了朱熹思想。

(1) 京师朱子学派

京师朱子学派的重要代表者是藤原惺窝及其弟子林罗山。

藤原惺窝（1563—1619）是名门贵族藤原氏冷泉家的后裔，名肃，字歛夫，号惺窝，播磨国（今兵库县）三木郡细川村人。他七、八岁时入景云寺为禅僧，三十岁左右放弃佛教信仰，归依朱子学。惺窝弃佛归儒的一个重要原因是受到朝鲜李朝朱子学的影响。1590 年朝鲜通信使许篾之来到日本京都访问，惺窝前去拜访。但因许篾之是李朝朱子学的权威代表李退溪门下三杰之一——柳希春的高徒，由于"儒佛不同道"的缘故，许篾之作书送与惺窝。书中说道："你是佛释之流我乃圣人之徒，儒佛不同道，故我不能触犯圣人戒律，陷入异端。"书中强调的"儒佛不同道"的思想，对于习惯于禅儒一致风气的惺窝来说，是一次很大的冲击，此后，1598 年他又与作为丰臣秀吉侵朝俘虏的姜沆相会。姜沆也是一位造诣较深的李退溪学派的朱子学者。惺窝仰慕他的学识，向他请教朱子学。1599 年，惺窝在姜沆协助下，完成了《四书五经倭训》。这是日本的第一部用朱熹观点解释四书五经的著作。《四书五经倭训》的编纂表明惺窝从佛教转入朱子学。

弃佛归儒的藤原惺窝在日本朱子学发展史上占有重要位置。这是因为他使朱子学最终摆脱了禅学的束缚，走上完全独立发展的道路，开一代朱子学新风，被誉为日本朱子学的开创者。

惺窝是从两个方面完成了使朱子学摆脱佛学的束缚，而成为独立学派这一历史使命的。一方面，他对佛教采取批判态度。他以"释氏既绝仁种，又灭义理，故为异端"来批判佛教的出世主义。认为净土不在往生来世，而是在秽土现世，即在各自心的深处。这是以朱子学的现世主义批判佛教的出世主义。

另一方面，他对朱子学采取弘扬态度。他遵照朱熹观点解释"理"观念：理是形而上的根本，人和万物均以"理"为本。理是天道。理在天还未赋予物以前叫天道，赋予物以后为理；理在还未明性以前叫性，明性以后为理。他还倡导朱熹的"理一分殊"说，认为理是一般，但当它分散于个别事物之中，万物又均以理为本，这是分殊。总之，惺窝对朱子学只是宣传、继承，并无发展、创造，虽然仅此而已，但却使朱子学在日本成为独立的学派，标示着日本朱子学的形成。为此，黄遵宪在《日本国志》中说："自藤原肃始为程朱学，师其说者，凡百五十人。"

日本朱子学的另一位开创者是藤原惺窝的高足弟子——林罗山。林罗山（1583—1657）名忠，字子信，号罗山。祖籍加贺（今石川县），后徙纪伊（今和歌山县）。他是德川时代一位重要的政治家、哲学家和思想家，是德川文化的开创者。如果说藤原惺窝在日本朱子学发展史上的贡献是使朱子学摆脱了禅学的桎梏，走上独立发展道路的话，那么林罗山的功绩则是使朱子学成为德川时代占统治地位的官方哲学思想。

林罗山也是一位脱佛入儒的学者。十八岁时读《朱子集注》，心服之，于是聚徒讲解朱注。二十二岁时闻惺窝高名，拜其为师。从此，学业精进，成为惺窝门下第一流名儒。二十三岁时，经惺窝推荐，谒见幕府将军德川家康。席间，罗山应家康询问，辨析中国古事、规谏日本朝纲，颇中家康之意。以此为契机，罗山进入幕府统治阶层，历仕家康、秀忠、家光、家纲四代将军。自此，罗山协助家康用幕藩制和朱子学，整顿了日本的政治机构和意识形态，使之制约和影响着德川前期日本人民生活的一切领域。罗山在幕府将军的庇护下，通过锁国性、警察式的思想取缔，镇压朱子学之外的"异学"，使其成为德川文化的骨干，并终生致力于维护朱子学为官学的独尊地位。林罗山在把儒学从僧侣手中解放出来，使朱子学成为德川幕府的统治思想过程中，作出了历史的贡献。

林罗山之所以能使朱子学成为德川前期的官方哲学思想，除了借助幕府的政治手段之外，还由于他对朱子学的弘扬和发展。在学术思想上，他从合理主义方面发展了朱熹"理"的思想，提倡"理气合一"说。首先，他从"理"与"气"相互作用的角度，来谈理、气一而二，二而一的关系。他非常赞赏王守仁（王阳明）"理是气的条理，气是理的运用"这一思想，认为"理"与"气"就是这样一种相互依赖、相互作用的关系。其次，他从宇宙自然构成的角度，来谈理与气不可分离的关系。他视太极为"理"，阴阳为"气"。阴阳之气渗透于太极之理中，而太极之理中又固有阴阳之气。太极之理反应于人类社会有仁、义、礼、智、信五常之理；阴阳之气表现于自然社会有水、火、木、金、土——五行之气。而五常之理与五行之气，又呈现出我中有你、你中有我状态。这样，太极、五常（理）与阴阳、五行（气）相互融洽，构成了宇宙自然。

林罗山从维护朱子学的角度，用"理"为武器，批判当时盛行于日本的基督教。这场理论斗争表现为罗山与《妙贞问答》作者不干的辩论中。《林罗山文集·批耶稣》中记录了这次辩论经过：

春（林罗山）问："耶稣教认为天主创造了天地万物，那么造天主者是谁呢？"

于（不干）答："天主无始无终，天地曰造作，天主曰无始无终。"

春追问："理与天地有前后乎？"

于回答："天主者体也，理者用也。体者前，用者后也。"

春指面前一器物说："器者体也，所以作器者理也。可见，理者前而天主者后也。"

于不解说："灯者体也，光者理也。"

春又说："所以光为灯者，理也；光者非理也。因此，理为体、为先。"

于犹不解说："作一器之念起处为理，一念不起以前元无想无念而有体，然则体前理后也。"

春批评说："不可也，不谓无想无念。唯言理与天主而已。无想无念之时，有理而存。"

林罗山用理为体、为先的思想，反对神创说，其哲学意义在于用一种哲理、思辨来批判神秘主义。

除藤原惺窝和林罗山而外，京师朱子学派的另一位重要代表者是新井白石（1657—1725），名君美，字在中，号白石，江户

（今东京）人。新井白石着重发挥了朱熹的"穷理"思想，认为"穷理"就是对绝对真理的追求，就是对自然规律的追求。由于朱熹最终所要探求的是那个超感觉、超时空的、形而上的先验之理，所以穷理的结果仍然是先验的。而新井白石则将"穷理"作为追求一切真理、认识客观事物的手段和途径。通过"穷理"，在历史学中他力图揭示日本在社会历史发展的规律，成为日本科学历史学的先驱；通过"穷理"，在自然科学中他了解了西方自然科学的价值，对经验科学产生了浓厚的兴趣，成为日本西学的开祖；通过"穷理"，在经济学中他成为德川时期经济论的三大创始人之一和著名的经世家。为此，日本学者骄傲地称他是德川思想史上的一颗明星。

对于历史研究，白石不满足于对历史事件只作编年式的记述或只作伦理的评价，而是力图从"理"的观点，合理主义地对历史上的因果关系，作出客观的说明。如他研究神代史，从"神者人也"这一命题出发，凡属传说是神的所作所为，都作为"人事"加以解释。这与以前把日本历史作为神统相比，是很大的进步。他参考中国历史，认为日本历史上的所谓"神代"，大体上相当于中国周末秦初时期。这是他对日本历史的合理主义考证。新井白石的历史观有两个特点：一是不停留于尚古，而是面对现实，与中国春秋公羊派（常州学派）相似；二是带有合理主义、实证主义色彩，由此使他成为日本科学历史学的先驱。

白石主张最大限度地发挥朱子学的"穷理"精神，将"穷理"思想贯彻于一切领域之中，他在《西洋纪闻》这部著作中，大力提倡和宣传西方先进的自然科学和技术。他把西方的自然科学同基督教有关造物主、天堂、地狱、不灭的灵魂等观念区别开来，

朱　熹

承认前者的优越性和后者的非科学性，明确了西方"形而下"文化是有价值的，是和基督教有所不同的。这种卓有远见的观点打破了当时日本禁教时将西方文化同基督教相混淆的偏见，同时也启发了日本政府后来的文化政策，即移植西方自然科学和技术。同时，白石还以身实践朱子学的"穷理"精神，在实际考证基础上，他在本草学、地理学、军事学等科学方面都有较深的造诣，并写出了许多论著，促进了经验科学的勃兴。

在朱子学"穷理"精神指导下，为探究实际有用的学问，新井白石对经世济民抱有浓厚兴趣，成为一位经世家。在德川政府财政困难之际，他提出了治国理民的五条纲领，使他同熊泽蕃山、荻生徂徕一起被后来的学者视为德川时期经济论的三大创始人。

朱熹的"穷理"思想在新井白石身上得到了充分展现。他的"穷理"，是对历史发展根源、科学发展规律、社会发展方向的追寻。这是他对朱子学的改造和发展。

（2）海西朱子学派

海西朱子学派的主要代表者是贝原益轩和安东省庵。

贝原益轩（1630——1714）名笃信，号益轩，筑前（今福冈县）人。他是德川朱子学经验理派的创始人。在他的倡导下，日本朱子学在经验合理主义方面的展开，使朱熹"理"范畴成为日本现代化准备过程中合理思维的发展基础和西方近代自然科学传入的媒体。

益轩改造朱熹"理"范畴的途径是：首先吸取了中国北宋和明代学者张载、罗钦顺关于"气"的思想，在继承林罗山"理气合一"思想基础上，用"理气合一"论批评朱熹的"理一元"论，并批判地继承了朱熹的"格物穷理"说，然后以此为根基，当他

❖165❖

的"穷理"思想与"实学"志向相结合时，就为日本朱子学找到了一条与中国朱子学不同的道路——向着经验合理主义方向发展。

在"理"和"气"的关系上，益轩的基本观点是"理与气一而二，二而一，可谓同而异也。"他认为理和气本来是不可分的，为了表示理对气的优势关系，先儒才暂且将理与气作为两种事物分开。这一思想在其暮年得到了进一步发展。益轩在去世前一年写的《大疑录》中，明确提出了"理即是气之理"的思想。他说：

理是气之理，理气不可分为二物，且无先后，无离合，故愚以为理气决是一物。朱子以理气为物，是所以吾昏愚迷而未能依服也。这是他对朱熹理本论思想的批评。

与此同时，益轩还继承了朱熹"格物穷理"、"格物致知"中的合理因素，认为"格物致知之功，乃博学广闻之事"。从这种格物穷理思想出发，他重视对经验科学的研究，成为一名经验的自然研究家。如他著的《大和本草》，成为日本中草药学和植物学的开基；他写的《筑前土产制》，是通过实地调查，从化石研究地壳的变迁的著作。益轩站在经验科学立场上，把朱熹的"穷理"思想与经验科学结合在一起。

安东省庵（1622—1701）名守约，字鲁墨，筑后（今福冈）人。他和贝原益轩一样，接受了罗钦顺的思想。在理气观上，他写道：

天地之间，唯理与气，以为二不是，以为一亦不是。先儒之论未能归一，岂管窥之所及哉？罗整庵曰："理须就气上认取，然认气为理便不是，此处不容问发，最为难言。要之人善观而默识之，只就气认理，与认气为理，两言明白分别，若于此看透，则多说亦无用。"又曰："理只是气之理，当于气转折之处观之。

往而来，来而往，不知其所以然而然，若有一物主宰其间而使之然，此即所以有理之名。《易》有太极，即谓此。若于转折之处，看得分明，自然头头皆合。"此说极明，要须省悟。日本哲学家井上哲次郎指出，省庵这种理气合一论，是理随气而有，与气一元论的见解甚为接近。

以理气合一或气一元论改造朱熹理一元论，这是海西朱子学派的特点。

(3) 海南朱子学派

海南朱于学派的主要代表者是以山崎闇斋为代表的崎门学派。即山崎闇斋（1618—1682）和其三位高徒；浅见絅斋（1652—1711）、三宅尚斋（1662—l741）、佐藤直方（1650—1719）。海南朱子学派的特点是要恢复和弘扬朱子学中的伦理道德思想。山崎闇斋认为这才是朱子学的精髓和核心。因为朱子学中的伦理道德是儒家道德纲常——三纲五常的代表。为此，他提出"同归于朱子"的口号。他一生对朱熹奉若神明，认为朱熹是"孔子以后第一人"，甚至说"学朱子而谬，与朱子共谬也。有什么遗憾呢?"

为了重新回归于朱子学的根本精神——人伦道德思想，闇斋主要从以下三方面着手努力。第一方面是：倡明伦、重正名、论正统。闇斋十分强调要"明人伦"。因为道德本性发端于五伦之中，所以他视朱熹《白鹿洞书院揭示》中的"父子有亲，君臣有义，夫妇有别，长幼有序，朋友有信"为明伦之要。他的学生浅见絅斋从宇宙之大法，自然之至理高度，强调五伦的重要性，认为五伦是"自然之准则，生生之本法"。这实质上是强调了人伦道德的本体作用。而君臣之义又是五伦之根本，为此，闇斋非常重视正名分。他重正名的用意，在于强调臣事君的忠贞不贰、纯粹无杂的忠诚。正名的结果，必然是对"正统"的阐述。所谓"正统"，就是儒家的"君君、臣臣、父父、子子"纲常名教。闇斋主张倡明伦、重正名、论正统的结果，使得朱子学的伦理道德思想深入人心，它不仅成为日本中世以来武士献身的道德，而且还对于日本民族忠君爱国性格的形成，具有重要影响。

第一方面是提倡"敬义内外"说。闇斋认为中国元明理学家只是将朱子学作为纯学术来研究，而不付诸实行。为了从切身的实感中，从生活日用间体认、践履朱子学的伦理道德思想，他根据《易传》的"敬以直内，义以方外"思想，提倡"敬义内外"说。闇斋认为"敬包身心"，即敬不能只是心上功夫，更重要的是身体力行。他把"义"解释为"笃实"，突出了道德实践性。进一步，他又将《易传》"内"指"心"、"外"指"身"的观点，修正为"内"指"身"、"外"指"家、国、天下"。这样，"敬内"就是"修身"，"义外"就是"治国"。闇斋之所以作这一修正是为了突出人的自主能动性，强调道德的笃实性。他认为身联系着五伦和五常，只有在日用实践中进行磨炼，才能积累正义的道德行为，才能以义正家、国、天下。这里，闇斋强调了对朱子学道德思想的笃实信念和实践道德的重要作用。闇斋非常欣赏自己赋予新意的"敬义内外"说，故另起一名为"山崎敬义"。为此，日本当代著名学者冈田武彦认为，如果说周敦颐以"太极"、邵雍以"数理"、张载以"太虚"、程朱以"理气"、陆九渊以"心"、王阳明以"良知"为学术宗旨，而各为一派的话，那么，山崎闇斋则以"敬义"为其学术宗旨，是为"敬义"派。

第三方面是创立垂加神道。闇斋在强调朱子学伦理道德思想基础上，进一步将其神学化，创立了神理合一的"垂加神道"。

"垂加"二字意为"神垂"以祈祷为先，冥加以正直为本"。即"垂"为"敬"，"加"为"义"。这表明他将日本宗教神道与儒家伦理结合在一起，视朱子学伦理思想为垂加神道的根本内容。崎门学派将朱子学向神学方向发展，是它的又一特色。

(4) 大阪朱子学派

日本德川时代，大阪成为商业高利贷资本的最大中心。随着商业资本势力的增大，大阪也就成了"町人"（买卖人）之都因而发展了町人文化。这样。大阪朱子学和其他朱子学派又有着本质的不同。即其他朱子学派是为幕府统治者武士阶级服务的，而大阪朱子学则是为新兴的商业资产阶级服务。

大阪朱子学以怀德堂为中心。怀德堂起源于1724年，创立于1726年，废于明治维新时代，长达140年之久。怀德堂的学风为：第一，反对教条主义。大阪朱子学派虽然极其尊信朱熹思想，但同时也兼修陆（九渊）王（阳明）之学，颇富批判精神。第二，科学研究的倾向。大阪朱子学对神佛鬼仙之说，都给以严格的批判，批判方法与当时科学相接近。第三，尊王贱霸思想。这一思想为后来推翻幕府统治，奠定了基础。第四，平民教育。在怀德堂最初的壁书里，有几条明文规定，平民百姓，也可来听讲，授课内容通俗易懂，没有书本子的人，也能听懂；听讲中若有紧要事情，也可以半途而退等。这都适合于买卖人的生活习惯，而且适合于平民教育的宗旨。

基于这样的学风，大阪朱子学具有以下的四个特点：

①人本主义。

大阪朱子学者常常站在商人资本家立场上说话，反映了大阪的市民社会思想和商人本位思想。如他们指出商人之利如农夫作业，如士子功名，皆义而非利，只有贪非份之高利，才流于奸曲而背义，所以认为商人只是为谋利欲的看法，是不正确的。他们还指出商人之富，是劳动所得，理所应当的。"贫富在天是士大夫之事矣，在商贾中，则未尝有束手俟命者，故商贾不以天命为借口，而专注精力于事业。士大夫虽欲求富，但无所事耳，而商贾则日夜精于事业。故孔夫子所谓受命，在商贾中而言，则谓其守经勤业，不作奇权之术，时至而成富者。"这是很现实的商人本位思想。

②实用主义。

大阪朱子学派认为所谓"道"，是指人伦日用之间所当行者而言。如他们认为：君子之道、尧舜之道、夫子之道、吾道之道，皆与人伦日用当行者非两事。基于这种思想，他们批评"穷理至极、豁然贯通无不明，为初学工夫"的荒谬之说，认为：若以一人之心，百年之功，而欲推穷万事万物之理，是很难的。所以他们主张：天下事物之理与我无关者，不必讲求。像蚕何由而吐丝，麻何由而生缕，鸡豚何以养人，酒醴何以醉人，鱼何以游泳，禽何以飞翔，……其间之理，皆可置而不论。然而，唯我所以应物之方，则不可不知。这种实用主义思想，求其然而不求其所以然，对于朱子学的形而上学思想，是一个批评。同时，它也反映了商人狭窄的功利思想。

③合理主义。

大阪朱子学派提倡一种合理主义的格物方法，这就是注重知行并进的实践。他们解释"格物"为：所谓格物，就是躬往践其地，莅其事，执其劳。譬如欲知稼穑之理，必先执束耜，亲耕耘，然后其理可得而知也；若欲知音乐之理，必先亲吹竽击钟，进退舞蹈；若欲孝欲悌欲信，必亲莅其事而得焉……这就是知行并进之方，若瞑搜妄索，徒费精神。这种合理主义思想，明显的是受了当时科学知识的影响。如他们应用历法新知识，否定了历法旧知识。同时，从这一合理主义思想出发，大阪朱子学者又对神鬼佛等宗教迷信思想进行了批评。

④尊王主义。

由于大阪距离幕府所在地江户较远，所以，在政治思想方面，也比较解放，富于尊王贱霸的精神。如他们竭力宣扬大义名分论：

神武辟宇，斯立人极，光参日月，绪等天壤，圣圣相传，无姓可纪，但谓之天孙耳。……一治一乱，寰宇永为武人之有，方恣其吞噬之时，天地为之震动，离宫之饿，泡岛之狩，王道如线，绾于其手，然皆不敢流涎于彝鼎，大统至今，穆如在天上者何耶？岂畏天哉！将以民彝之不可废也。嗟乎！是我邦礼文所以度越外国者，于此未尝不蹶然而为之叹息者也。这是说，在日本历史上，天皇的皇位是圣圣相承，不可取代的。但自镰仓幕府始，武家政权取替了皇权。这是上天所不能容，民彝所不能忍的。礼乐刑政自天子出，武家之权应归还天皇所有。这种尊王贱霸思想反映了大阪朱子学者对武人的反感和对王室的倾向心理。

（5）水户学派

水户学派是以水户德川家编纂《大日本史》事业为中心而发达起来的一大思想体系。水户学派的特点是发展了朱熹的史学思想。

水户学派仿效朱熹的《通鉴纲目》和司马光的《资治通鉴》，历经230年时间，编纂了日本第一部正史——《大日本史》。其基本精神为提倡大义名分主义。具体说，有三点：

第一是核名实。

所谓核名实，就是说要用一字不苟的书法，来崇实抑虚，在据事直书之中，使名必副实，实必副名。这样，褒贬之意，跃然自见。这种作法来自朱熹的《通鉴纲目》。例如，"若以政大皇弟为皇太子，于名虽当，但于义甚乖，既失事实，又无明据，故书立为东宫。前后均以大海人皇子称之。这样，书法贵严，而义自见。这乃是朱紫阳纲目之微意也。"

第二是正名分。

日本自镰仓幕府建立后，天皇大权旁落，威信渐衰。而水户学派公开尊重王权。编纂《大日本史》的目的，就是要改变君臣颠倒，权臣专制的现象，以正皇统，整饬纲纪。为此，《大日本史》为了正名分，在三件史事处理上，严格地贯彻了大义名分思想。第一件事是将历来被尊为天皇的神功皇后列入后妃传。其理由是其未践位。第二件事是将天智天皇的儿子大友皇子列入本纪，"帝大友实天智帝之储贰，其缵大统明矣"，"今据《怀风藻》《水镜》之文，创帝大友纪"。第三件事是将日本南北朝时的南朝作为正统皇系。《大日本史》以正皇统为准绳，改变了对一些历史人物的评价。如对南北朝时期的忠王之臣楠木正成的评价。史书历来因他尊奉南朝、反抗北朝，而视之为逆臣。《大日本史》以南朝为正宗（其理由是象征天皇权威的三种神器在南朝），因此，楠木正成得以正名。

第三是奖名行。

《大日本史》宣扬大义名分思想，其目的是要"申以劝诫，树之风声"和"劝善惩恶，永肃将来"。故此，《大日本史》所以立"神祇志"，是要揭示"宗祠衰而氏族紊"以及"权臣专制而名教

朱熹

扫地，庶官为之旷废，礼乐为之崩坏，遂使庄田盛而财政乱，朝纲替而兵刑滥"的弊病，以使"后之观古者，其有所鉴焉"。所以立"氏族志"，是要揭示外戚专权，武人得势，及豪族争占郡乡，不事朝廷，遂使氏族之法紊乱的史事，从而申明"明伦而察物，反本以类族，王政之所重"。所以立"孝子传"，是要阐明"孝，百行之本"，"非孝无以为教"之类的道理。所以立"叛臣传"和"逆臣传"，是要说明"一有间隔离叛，小则惩戒，大则诛戮，必除去而使之合，然后天下之治可得而成"，以及"一有弑逆之臣，则人人得而诛之"的道理。

日本朱子学者或从"理"、或从"气"、或从"穷理"、或从"格物"、或从伦理、或从历史等侧面发展了朱熹思想，成为别具一格的日本朱子学。日本朱子学对于日本社会的政治建构、人伦道德、经济发展、西学摄入等方面，也都发挥了重要作用。

2. 朝鲜朱子学

中国朱子学在 13 世纪末至 14 世纪初，传入朝鲜，鼎盛于李朝前半期。中国朱子学之所以能够传入朝鲜，并不断发展、演变，是由当时朝鲜社会情况所决定的。

14 世纪的高丽王朝，围绕着土地和政权问题，代表大农庄主利益的保守派和代表中小地主利益的改革派进行了激烈斗争。其中改革派认为高丽王朝社会秩序紊乱的根本原因在于"纲纪紊乱"，从而主张振兴封建纪纲，而提倡正名分、振纲纪的朱子学，作为改革派的理论武器，对高丽社会历史的发展，起了积极的推动作用。这是朱子学传入朝鲜的根本原因。

1392 年，以李成桂为首的改革派推翻了高丽王朝，建立了李氏王朝，即朝鲜。新建的李氏王朝，为了维护和加强自己的统治地位，采取了一系列对内、对外措施，其中重要的一条是视朱子学为"经邦治国"的唯一真理，要求用"性理学"统一学术。为此，在"破邪显正"的旗帜下，把佛教、气一元论、阳明学等均视为"异端"、"邪教"，取一概否定和排斥的态度。从李朝开国到日本十九世纪末入侵朝鲜的近 500 年间，始终将朱子学视为官方哲学思想，在意识形态领域占有绝对统治地位。这是朱子学在朝鲜兴盛的原因。

将朱子学最早传入高丽朝的有安珦、白颐正、禹倬，权薄、李济贤等人。

安珦（1243-1306）是最早引进朱子学的人，字士蕴，号晦轩，兴州人。他历任尚州判官、东京留守、集贤殿大学士、宰相等官职。他曾以高丽忠宣王的陪臣身份出使元朝，得以接触朱熹思想。1289 年，安珦陪同高丽忠烈王赴元大都时，得到新刊《朱子全书》，归国后在太学讲授朱子学。他本人十分推崇朱熹，当做圣人供奉祭祀。"晚年常挂晦庵先生像，以致景慕，遂号晦轩。"他提出两班贵族官吏按官品高低，捐赠"赡学钱"，用以恢复和整顿已经荒废的儒学教育机关。他"兴学养贤"的目的是要推行儒家的三纲五常。他又派博士金文鼎等人去中国"画先圣及七十子像，并求祭器、乐器、六经诸子史"，又推荐李俨、李瑱等名儒为经史教授都监使，于是"诸生横经受业者动以数百计。"经安珦的努力，使朱子学在朝鲜得以传播。

除安珦而外，白颐正也是高丽后期的朱子学者和朱子学的早期传播者之一。1298 年，他作为高丽忠宣王的侍臣，赴燕京学习程朱理学 10 余年，并携大量程朱著作归国。为此，《高丽史》记载："时程朱之学始行中国，未及东方，颐正在元得而学之东还。李齐贤、朴忠佐首先师受颐正。"禹倬（1263—1342）也是朱子学早期传播者。他官至成均馆（国学）祭酒（相当于大学校长），精通经史，尤好易学。据载，朝鲜朱子学以易学为中心，接近于性理学，便是由他开其端。权薄（1262—1346）建议刊行朱熹《四书集注》，并积极主张普及性理学。李齐贤（1287—1367）作为一名朱子学者，站在儒学立场上，排斥佛教和汉唐经学，提倡作为"实学"的朱子学。其目的是为了以朱子学为理论，批评脱离社会实际的汉唐经学和佛学，制定举贤能、惩污吏、兴节俭、杜奢侈的社会改革方案。他不仅是传播朱子学，而且是以朱子学为指南，志向现实的改革。

　　朝鲜朱子学经安珦等人的积极传播后，又经高丽末期李朝初期的朱子学者李穑（1328—1396）、郑梦周（1337—1392）、郑道传（1337—1398）和权近（1352—1409）的进一步深入传播，终于迎来了朝鲜朱子学的全盛期——李朝朱子学。

　　李朝朱子学的主要代表者为：赵光祖、李彦迪、李混和李珥。下面，分别述说。

　　（1）赵光祖（1482—1519）字孝直，号静庵，汉城人。由于他的祖辈都是有学问的高级官僚，所以他从小就受到正规儒学教育。25岁时，他成了名振全国的大儒家，后又成为朝廷内部士林派（改革派）的首领。在与勋旧派（守旧派）的斗争中，赵光祖历尽磨难，终遭杀害。享年仅38岁。

　　赵光祖是16世纪初期朝鲜朱子学的代表人物。他对理气、天人、心性、义利、王道霸道等朱子学的主要命题都有所论述。例如在理与气问题上，他继承了朱熹思想，主张"理一元"论。他认为"理"是世界的主宰，是产生万物的始原；"气"是"理"的派生物，是处于被动地位的存在。从这种"理一元"论出发，他把"理"看成是天下万物都要遵循的普遍原则。自然界四季的循环更替和宇宙的流变之所以井然有序，是由于"理"的妙要；人类社会的"仁义礼智"四德既是人性的根本，又是天理的体现。

他把"仁"等伦理道德视为天理，一方面是要证明上下有别的封建宗法等级制度的合理性，另一方面是为了推行王道政治，为其革弊扶新的社会改革思想服务。赵光祖反对完全依赖刑罚的霸道政治，主张靠仁政来实行王道政治。他认为若以德为主，依刑为辅，德刑并用来治理天下的话，就是中国古代"尧、舜、禹"三代之制。他把"尧、舜、禹"的王道，视为人类社会所史中最完美无缺的理想政治。他赞颂"三代"之制，并不是要回到"尧、舜、禹"三代，而是借鉴三代的王道政治，去消除时弊，建立符合于现实的，更为合理的封建社会。

赵光祖的朱子学思想为朝鲜朱子学的进一步发展，奠定了稳固的理论基础。

(2) 李彦迪（1491—1553），字复古，号晦斋，庆州人。

于 14 世纪传入朝鲜的朱子学，历经二百年，到了李彦迪才得以确立起系统的朱子学哲学体系。这主要表现在他的无极太极论和理气论哲学思想上。

在哲学本体论上，李彦迪主张"无极而太极"。关于"太极"，他认为太极是先于天地万物产生并统辖天地万物的精神实体。他说："天之所以覆，地之所载，日月之所以照，鬼神之所以幽，风雷之所以变，江河之所以流，性命之所以正，伦理之所以著，本末上下贯乎一理，无非实然而不可易者也。"他完全遵循朱熹的太极则理、性则理，理一分殊的观点。关于"无极"，他坚持周敦颐的观点，认为"无极"就是"不属有无，不落方体"的无形无状的宇宙原始状态。为此，他对于"无极而太极"解释道：太极就是世界的本原，并非在太极之上或之外另有一个无极。因为儒家的"无极"是指天地万物未判之前的无形无象的绝对存在。

在理气观上，李彦迪认为理先气后，以理为本。他说：在天地万物产生之前，即已存在太极和理；在天地万物产生之后，仍与天地万物密切结合而存在。如有人之形，则有所以为人之理；有物之形，则有所以为物之理；有天地日月之形，则有所以为天地日月之理。他这里所说的"理"，不是指内在于客观事物的规律（法则），而是作为所然而作用于世界的主宰者。他的这种理气相依不离，但有理而后有气的思想，是朱熹思想的继承。

（3）李滉（1501—1570），字景浩，号退溪，庆尚道礼安县温溪（现安东郡陶山面温惠洞）人。他不满周岁即丧父，自幼在母亲的严厉家教下长大成人。其母对他要求甚严，一再训诫：不光要务文艺，更应重修身。这对李滉人格的形成有很大影响。

李滉从33岁中举，初赴仕途，到41岁为止，一直过的是风平浪静的官宦生涯。然而，他对官场逢迎深感厌恶，渴望过超然的读书生活。为此，39岁时挥笔作诗曰：

三年京洛春，局促驹在辕。

悠悠竟何益，日夕愧国恩。

我家清洛上，熙熙乐闲村。

邻里事东作，鸡犬护篱垣。

图书静儿席，烟霞映川原。

溪中鱼与鸟，松下鹤与猿。

乐哉山中人，言归谋酒尊。

自43岁起，他以病弱为由，上书国王，乞求辞官还乡。53岁后，李滉安居故乡，筹建书院，从事教育和著述事业。

在教育方面，李滉为李氏王朝培养了许多人才。他的弟子历任丞相级高官有10多人，赐谥的达30多人，任大提学的10多人。

在著述方面，李滉一生著作颇丰。哲学方面的代表作有《朱子书节要》《论四端七情书》《自省录》《圣学十图》等，均收录在《退溪集》（68卷）中。

李滉是朝鲜朱子学的集大成者。他的哲学思想是对朱熹思想的继承和发展。例如：

（1）理气观。李滉的哲学思想以"理"为最高范畴。显然，这是对朱熹理本论思想的继承。他认为，理是奉体，是产生天地万物的根据或本源。这样的"理"，不是指客观事物的规律，因为规律只能内在于事物本身之中，而不能产生万物。李滉的"理"既生万物，又主宰万物。所以，这样的"理"作为哲学最高范畴，只能是一种绝对观念。

在理气关系上，李滉也毫无保留地采取了朱熹的理一元论观点，即"理"为本、为一，"气"为末、为二。他说："此理极尊无对，命物而不命于物故也。"又说："理贵气贱"、"理为气之帅，气为理之卒"、"未有这事，先有这理"等。

李滉同朱熹一样，认为产生天地万物的所以然在于理。"天下之物，必各有所以然之故，与其所当然之，则所谓理也。"其意是说，天下各事各物，必有其产生的根源。这个根源就是"理"。

在此基础上，李滉进而发挥周敦颐的"太极动而生阳"和朱熹的"只是理有动静"之说，提出了"理动则气随而生"的独到见解。他说：

按朱子尝曰，理有动静故气有动静，若理无动静，气何自而有动静乎？盖理动则气随而生，气动则理随而显，濂溪云太极动而生阳，是言理动而气生也，易言复其天地之心，是言气动而理显故可见也。这是说，从"理上看"，即从万物的本源来说，只有理才是虽高的、永恒的、唯一的绝对存在；但从气（即物）上看"，即从具体事物的形成来说，理气同时存在，并密切结合、不可分割。这就是上文中所谓"理动则气随而生，气动则理随而显"的意思。由此，"理"与"气"紧密结合在一起，"理外无气，气外无理，固不可须离也"。李滉这一思想，是在承认以理为主的大前提下，对张载"气一元论"和徐敬德"气化"思想的吸取。

李滉这种"天地间有理有气"的思想，又集中反映在他的"四七论辩"说上。"四七论辩"是一场以四端、七情的来源问题为中心而展开的学术论争。其论争的导火线是郑之云（1509—156l）所作的《天命图说》。1554年郑将其送李滉审阅。李见其中有"四端发于理，七情发于气"一语后，把它改为"四端理之发，七情气之发"。此修改稿当即引起了学术界的注意。奇大升致函表示异议。由此开端，李奇二人通过书信持续了长达八年的论争。在这场论争中，李滉提出的是"理气互发论"，奇大升主张的是"理气兼发论"。以后，李滉继承并进一步改进奇大升的观点，提出"气发理乘论"。从此之后，朝鲜学术界分为主理派和主气派，展开了绵延300年的争论。

李滉的"理气互发论"，其核心思想是"四则理发而气随之，七则气发而理乘之"。这一思想的实质是强调理气互发。即：一方面理与气是相旅不离、相须不分的。存在于天地间的唯有理与气，而理气双方各以其对立方面为自己存在的条件，无理就无所谓气，无气亦无所谓理。但另一方面，理气决非物。从构造论角度来看，"理"的价值大于"气"的价值，理非气，气亦非理。正由于理气这种不离不杂、即离即杂的辩证关系决定了理气互发。

（2）动静观。在动静观上，李滉继承和发展了朱熹的动静理论。朱熹关于动静辩证关系的论述，非常深刻，内容非常丰富。但是，他没有直接讲过太极或理自身的动静，反而说："理不可以动静言"。这样，就产生了一个矛盾：既然理是绝对静止的，那它为什么会成为气动静流行的终极原因呢？对于这一点，中国明代学者曹端批评说："观《语录》，却谓太极不自会动静，乘阴阳之动静而动静耳。遂谓理之乘气，犹人之乘马。……以喻气之一动一静，而理亦与之一动一静。若然，则人为死人，而不足以为万物之灵；理为死理，而不足以为万物之源。理何足尚，而人何足贵哉？"这是说，若以理不会自动，那么理之乘气，就如同死人骑活马，死理搭活气一样的矛盾。

李滉为了解决这种死人骑活马，死理搭活气的矛盾，明确以"理有动静"。他说：

理有动静，故气有动静。若理无动静，气何自而有动静乎？若以气有动静，理无动静，则气之动静自何来？李滉明确了作为本然之体的"理"具有能发能生至妙至神的功能。这就承认了"太极"（理）自会动静。太极（理）的动静，是其自身固有的属性，因为没有一个主使者使太极（理）动静。这种"太极（理）自会动静"的理论价值在于，李滉认为"理"既是使气动静的"所以然"，又是自身具有动静功能的"所当然"。因为它是"所当然"，所以理自身具有能动性；又因为它是"所以然"，所以理能使气发生运动。这样，理成了"所以然"与"所当然"的统一体。基于这种统一，就解决了朱熹哲学中的死人骑活马，死理搭活气的矛盾，避免了曹端理为死理、太极为死太极的诘难。理自能动静——这是李滉在动静观上对朱熹思想的发展。

（3）知行观。李滉反对王阳明的"知行合一"说，主张知行并进。王阳明的"知行合一"说主要是针对朱熹的"知先行后"说提出来的。他认为，行统一于知，知与行都是心所生的，知的时候就是行了。他把行也看做是知的一种表现形式。王阳明的"知行合一"说含有混淆知与行的思想。对此，李滉认为，这种"知行合一"说，在人心发于形气的阶段，即认识的感性阶段上是适用的，但在从道心出发的义理阶段则并不适用。他说："人之心发于形气者，则可做到不学而自知，不勉而自能，好与恶表里如一。如见到好色即知其好而心诚好之，闻到恶臭即知其恶而心实恶之。在这里，行寓于知、知行合一犹可也。至于义理则不然，如不学就不知，不勉就不能，其行于外者，未必诚于内。所以，见善而不知善者有之，知善而心不好者有之。可见，知不可谓之行，行亦不可谓之知，岂可合而为一乎？"这里，李滉既看到"知"与"行"的区别，又看到"知"与"行"的统一，即"相须并行"。他从知、行二者的互相联结、互相促进关系入手，效仿朱熹的比喻法来做论述。如人的两脚，车的两轮，鸟的两翼等等。"真知与实践，如车两轮，欠一不可，如人两脚，相待互进。"诚然，这里的真知与实践，并不意味着对社会的认识和实践，而只是对封建伦理道德规范的认识和实践。李滉是从知行的对立统一性方面论述"知"与"行"的关系的。

（4）理欲观。理欲观在李滉的伦理观中占有重要地位，其中主要包括天理与人欲、公与私、义与利等。他认为，合乎天理即封建道德规范的行动就是公或义，相反就是私或利。他说："循天理之公，或循人欲之私，善恶之分由兹而决焉。"同时，他还认为四端七情与天理人欲不尽相同。四端就是天理，但七情则不尽同于人欲。因为七情包括为善为恶的两种可能，但人欲则一定是恶的。所以天理和人欲完全对立而不可并存。修养的目的全在于"革尽人欲，复尽天理"。李滉这种理欲观的实质，就在于主张毫不违背封建的统治秩序，决不违背封建统治者的利益。

李滉的哲学思想是对朱熹思想的发展，但它又影响了中国。梁启超曾赋诗称颂李滉说：

巍巍李夫子，继开一古今。

十图传理诀，百世诏人心。

云谷琴书润，濂溪风月寻。

声教三百载，乃国乃同钦。

（4）李珥

李珥（1536—1584）字叔献，号栗谷。自幼聪明好学，8岁晚秋时，游玩至栗谷村花石亭别墅时，写了一首使人惊叹的诗：

林亭秋已晚，骚客意无穷。

远水连碧天，霜枫向日红。

山吐孤轮月，江含万里风。

寒鸿何处去，声断暮云中。

13岁时，考中进士初试。19岁时，离家进金刚山，钻研佛教，号称"义庵"。在研究佛教期间，他向老僧提出质疑道：

鱼跃鸢飞上下同，这般非色亦非空。

等闲一笑看身世，独立斜阳万木中。

　　经过一年的研究，终于悟到"佛释是邪学"，于是回到家中，专心钻研儒学。20岁时，著述《自警文十一条》。其中第一条就是："要立大志，必须以圣人为准则，一毫不及圣人则吾事未了。"23岁时，去江陵外祖母家的途中，拜访了闻名全国的朝鲜朱子学集大成者李滉，并向他请教了自己在自学中遇到的主敬工夫、格物说、存养省察和李滉所著《圣学十图》中的疑难问题。这使李珥对朱子学有了进一步了解。同年冬，科举考试状元及第。以后，李珥曾先后参加九次科举会试，成绩均属优异，被世人称为"九度状元公"。李珥从29岁登上仕途，历任吏曹佐郎、户曹判书、副提学、大提学等国家要职，积极参与各项社会政治活动。

　　李珥的哲学思想主要表现在"理气二元"论的宇宙观上。李珥对先儒李滉的哲学思想体系一方面表示十分尊重，说道：李滉"深信朱子深求其意，而气质精详缜密用功亦深其于朱子之意。"而另一方面又对李滉学说持有疑虑。他说："退溪多依样之味"，"亦微有理气先后之病。"甚至，对朱熹也采取批评态度。"若朱子真以为理气互有发，用相对各出则是朱子亦误也。"正是由于他既尊朱熹、李滉，但又敢于持一种自由学风的原因，所以，他提出了"理气二元论"的哲学观点。

　　在理和气的关系问题上，李珥既反对李滉以理为本的"理本论"，又反对徐敬德（1489—1546，朝鲜著名的唯气论哲学家）以气为本的"气本论"，而主张把二者调和起来，认为"理"与"气"同时形成世界的本源，提出"理气二元"论。他说：

　　非理则气无所根底，非气则理无所依着，既非二物又非一物，非一物故一而二，非二物故二而一也。非一物者何谓也，理气虽相离不得，而妙合之中，理自理，气自气，不相夹杂，故非一物也。非二物者何谓也，虽曰理自理，气自气，而浑沦无间，无先后，无离合，不见其为二物，故非二物也。这是说，"理"与"气"既非二物，又非一物。从非一物来看，理就是理，气就是气，不相杂；从非二物来看，没有理，则气就没有了根基。同样，没有气，则理就失去了依托，理气相依不离。这样，"理气"就是"天地之母"，宇宙之本。

基于这种"理气二元"论观点，李珥既批评李滉的"太极生两仪"，又批评徐敬德的"气生阴阳"，而主张"太极"与"阴阳"同位，提倡"太极则阴阳"的二元论观点。他讲："阴与阳两端循环不已，本来没有开端。阴尽则阳产生，阳尽则阴产生。而太极就在这一阴一阳的无端循环之中。正因为如此，太极才成为万化之枢纽，万品之根底。"

"理"与"气"、"太极"与"阴阳"的关系问题是当时朝鲜哲学界争论不休的一个问题。凡是主张"理先气后"的观点，均属于"理本论"，凡是主张"气为理先"的观点，均属于"气本论"。而李珥企图建构一种超越于理与气的"完整"的哲学体系。这就是他的"理气二元"论思想。

从这种"理气二元"论思想出发，在"四七论辩"上，李珥反对李滉的"理气互发"论观点，认为"四端七情"没有先天、后天的区别，都是后天的，都是"血气之身"的产物。同时，他还强调"四端七情"中"气"的重要作用。认为"理""无形"、"无为"，没有独自发动的力量，只有"气"才"有形"、"有为"，有独自发动的力量。这里包含有重视"气"的思想。从这一思想出发，在社会思想方面，李珥主张变法除弊、体恤民情、加强国防，以谋求国家的繁荣富强。

李朝前半期的朱子学者们主要围绕着理、气、道、器、心、性、知、行等哲学范畴进行了激烈的争辩，呈现出朝鲜朱子学的勃兴状态。这一时期朝鲜朱子学的主要代表者便是朝鲜朱子学的集大成者李滉，其次是"理气二元"论倡导者李珥。

李朝后半期是封建社会急剧衰落时期。这时一些立志救国救民的知识分子大力提倡实事求是的"实学"，并以"实学"反对朱子学，至使朝鲜朱子学逐渐衰微。

3. 欧美朱子学

公元 17 世纪，朱子学引起了欧美西方人的注意。最初，在中国的天主教传教士把"神"翻译成"上帝"，并开始研究新儒学。由此，朱子学在传教士中得以流行。1714 年，翻译出版了《朱子全书》。名为全书，实是一个朱熹语类、书信一类的选集，但却是供人们引用的第一手原始资料，价值、影响很大。1836 至 1837 年，E·C·布里奇曼把朱熹的《小学》翻译成英文，接着又把《朱子全书》中关于宇宙、天地、日月等章节译成英文，标志着西方直接以朱熹原始资料为基础研究其思想。1874 年，托马斯·麦克克拉奇把《朱子全书》第 49 章关于"理"与"气"的章节译成英文，1876 年乔治·封·德·卡布兰兹翻译周敦颐的《太极图说》，包括朱熹的注。1879 年威廉姆·格鲁伯选择了朱熹关于"理"与"气"的章节和朱熹的《通书》注译为德文。1887 年查理·德·阿雷从高攀龙的《朱子节要》中选择了一些章节译为法文，1890 年又从《性理精义》中选译了有关周敦颐、张载、邵雍的段落，包括朱熹对《正蒙》和《西铭》的批注。1906 年利昂·威格神父发表

《哲学引述：儒教、道教、佛教》，专门为朱熹写了一章，讲到"理"与"气"、"阴"与"阳"、人性、天命、善恶等。1922年J·佩里·布鲁斯把《朱子全书》的第42—48章译成英文，名为《朱熹著：〈人类本性的哲学〉》，论述人的本性、事物的本性、人的命运、自然界的本性等。1960年威廉·西奥多、藩·百里、伯顿·沃森和陈荣捷编纂了《中国传统的原始资料集》，陈荣捷从《朱子全书》中选择了关于"理气"、"太极"、"鬼神"、人与事物、自然与天命、理智与人性的段落，方面较广阔。在1963年出版的《中国哲学原始资料》中，陈荣捷又将朱熹论"仁"、给湖南绅士的一封信、论"内省"和《朱子全书》中谈话的一些章节翻译为英文。1953年西方有了朱熹和吕祖谦共编的《近思录》第一个德译本，这是由厄拉夫·格拉夫神父经过多年精心工作译成的。后来陈荣捷又直接从中文原著加上中国的张伯行、江永、茅星来，日本的中村惕斋、贝原益轩和朝鲜金长生的评注，是一个最完备的《近思录》英译本。这些朱熹著作的法、英、德文的艰巨的翻译工作，为近二、三十年来西方朱子学研究奠定了基础。

西方在翻译朱熹著作的同时，也开始了对于朱子学的研究。尽管最初停留在天主教传教士关于朱熹"天"、"上帝"和"天主"是否一样问题的争论上，但这个争论亦是有意义的，它不仅可以区分东西方哲学的异同，而且也可以了解东方哲学的特点。17世纪尼科拉·朗格巴底神父主张新儒家学派不相信一个具有人格化的神，并认为"鬼神"亦不是"天使"，得到安托诺·德·圣玛利的支持。莱布尼茨在1701年至1710年间，读了朗格巴底的《关于中国宗教某些问题》的论文和圣玛利的《关于中国传教会的某些重要问题》的论文后，给尼科拉·德·莱蒙写了一封长信，他认为朱熹哲学的基础是"原理"和宇宙万物"原理"是抽象的，不具拟人的特点；然"理"可如利玛窦所说的具有人格化特点，因"理"是道德原则，而不是物质实体。1894 年，斯坦尼斯·勒·盖尔的《朱熹，其学说与影响》，企图说明朱熹是唯物主义者。次年，查理·德·阿雷认为盖尔把朱熹看成唯物主义者是极大的错误。1896 年，勒·盖尔致德·阿雷一封公开信，又肯定朱熹不仅是唯物主义者，而且是无神论者，德·阿雷又写了《朱熹是无神论者吗——朱熹与盖尔神父》，认为朱意把"天"看作"上帝"。1898 年德·阿雷在《朱熹和近代的中国人，他们的继承者都是无神论者吗?》中再次批评盖尔把朱熹看成无神论者的错误。1916 年布鲁斯发表《宋代哲学的有神论的含义》，认为新儒家学派在物与精神之间没有区别，"理"具有宗教特性，"天"即是"上帝"，既然人的本性是上天赋予，人的一切行动就必须对"上天"负责。1923 年布鲁斯发表《朱熹和他的前辈》时将第四部分改为《朱熹哲学的有神论的含意》，认为朱熹把"天"看作神的无所不在性，具有人格化特性。不久，G·祆伦神父写了《朱熹是一个唯物主义者吗?》，他同意布鲁斯认为朱熹不是一个唯物主义者，认为朱熹讲"天命"，具有人格化的特点。此后，西方似乎都同意朱熹不是无神论者。但 1956 年李约瑟著的《中国科学与文明》第 2 卷《科学思想史》中，认为盖尔比布鲁斯的研究要深刻，反对认为朱熹具有人格化的神的概念。他从自然科学角度的五个方面讨论了朱熹的前辈、"太极"、"理气"、循环式的进化的自然主义以及对不灭性和神性的否定，对朱子学的研究别开了生面。

在认识论方面，W·E·霍金在 1936 年写了《朱熹的认识的学说》，认为朱熹格物的目的在于充分理解"理"。这样，可认为是一个理性主义者。然而在朱熹的学说中，主张对理的穷尽，导致人的本性的充分体现，性理合一，这就使朱熹成为一个真正的经验主义者。俞检身认为朱熹的格物和致知没有主观意识与客观事物之间的区别。因为只有当一个人与事物接触时才能弄清它的本性。这就是说直觉和理性同时存在，认识的客观性是自由和自发存在的。李约瑟认为朱熹格物的对象是"人"，自然界是第二位的。他认为宋代有过卓越的科学成就，而新儒家学派的世界观实质上与科学相一致。

在方法论上，1955年盖伦·尤金·萨金特的《朱熹关于方法论的讨论》，论述了朱熹严谨与正直相辅相成的方法，从研究较低程度事物以达到对较高程度的理解以及调查事物以纠正思想等等。

另外，在朱陆异同、道统以及朱熹对佛教和道教的批判方面，均有文章论述。1971年在朱史研究会上，刘子健论述了"道学"的背景和朱熹学说被看成"伪学"的过程。1955年盖伦·尤金·萨金特的《朱熹反对佛教》，从社会的、理论的、实际的内容出发，来批判佛教。他的评论是公正的，因为他是研究佛教权威保尔·戴密微的学生。陈荣捷在《中国哲学原始资料集》中，指出朱熹对佛教批判的广泛范围。在这方面，最具哲学味的论著，要算傅伟勋的。他探讨新儒家学派与大乘佛教之间的对立，指出程颐和朱熹对佛教思想先验论的批判，很有说服力。

同时，西方学者在研究朱子学时，往往同西方哲学家相比较。E·V·赞克把朱熹与亚里士多德、斯宾诺莎和莱布尼茨相比较，福光除同意赞克外，认为朱熹和圣·托马斯相似。布鲁斯认为朱熹和斯宾诺莎之间有相似之处，朱熹关于"太极"与"阴阳"两种物质力量和斯宾诺莎的上帝相似。格拉夫神父把他的《近思录》一节用《朱熹与斯宾诺莎的一元论》为标题，极力强调朱熹的"天"与斯宾诺莎的"上帝"一样；"仁"与"上帝的理性的爱"一样；一切事物始于"太极"与上帝的一致性，都很相似，甚至两位哲学家的生活亦相似。1950年保罗·卡拉汉对朱熹和圣·托马斯做了比较研究。杜维明认为，朱熹在学术上的地位，相当于阿奎那在基督教史上的地位。李约瑟认为圣·托马斯对欧洲中世纪哲学的综合和斯宾诺莎对宇宙万物自然主义观点与朱熹相似。

结　语

　　当代世界经济强国日本和新加坡、韩国及台湾、香港地区在经济上的迅速腾飞和发展，令世人瞠目。一些人预测，世界经济发展的重心即将东移，21 世纪将是太平洋的世纪。随之而起，探索日本和新加坡、韩国及台湾、香港地区经济发展成功的奥秘，又成为国际学界的热门课题。一些学者在寻找日本和新加坡、韩国及台湾、香港地区的文化背景共同性时发现，它们在历史上或文化上，都曾属于儒学文化圈。这些学者认为，日本和东亚"四小龙"的经济发展与儒家文化或许具有某种因果关系。

　　例如：美国环太平洋研究所所长兼《大英百科全书》主编弗兰克·吉布尼认为：日本取得经济成功的真正原因，乃是将古老的儒家伦理与战后由美国引入的现代经济民主主义两者糅合一起，并加以巧妙运用；日本是东西合璧的"儒家资本主义"；以人为中心的"人力资本思想"，"和谐高于一切"的人际关系，"高产乃是为善"的劳动道德观，是日本经济发展的不容忽视的因素。

　　在日本，1987 年日本文部省资助确立了跨学科、跨学校的大型研究计划——《关于东亚的经济社会发展和现代化的比较研究》（简称《东亚比较研究》）。有 90 余名学者参加了这一研究计划。

该研究项目的负责人、东京外国语大学教授中岛岭雄在该研究会的第一次全体会议上，发表了题为《为什么提出"儒教文化圈"的理论》的演说。其中指出："以前的西欧模式的现代化理论，社会主义理论、以罗斯托理论为代表的美国模式的现代化理论以及'从属理论'、'世界系统论'等，都已不能充分说明东亚各国的活力；超越东亚各国的差异，重新对其文化的同一性即'儒教文化圈'的历史意义进行自我确认与限定，已成为十分迫切的课题；'儒教文化圈'的特征是与儒教伦理相结合的团体主义，以汉字文化为中心的学习国家，传统地保持儒教的伦理行为规范和儒教的实学精神与经验主义等。"他认为，"应在新的现代化的框架中，重新考虑支持日本人行为方式的儒教性因素。"

参加上述研究计划的日本著名思想史学者源了圆教授说："日本的发展，有赖于体制变革之处甚多。但在良好地形成个人与社会的平衡方面，儒教伦理发挥了某种作用。"

《儒教文化圈的秩序和经济》的作者、韩国釜山大学日本研究所所长全日坤教授认为："儒教国家经济发展的成功，是由于儒教伦理具有与其经济发展的适应性。""在两国（指日本与韩国）中，儒教是最具优势的传统文化，至今仍作为重要的秩序原理而生存。"他认为仍在发挥作用的儒教伦理秩序表现为政府主导型的经济发展方式，将作为机能共同体的企业视为命运共同体的认识和重视教育等。他还指出，韩国人受儒家思想影响而形成的伦理观念如勤奋、诚实、节俭、"相助共生"，便发挥了类似古典学派所说的新教资本主义精神的作用。

新加坡学者林任君认为，东亚经济发展模式是东方文化特别是儒家思想，与西方科技和管理知识交流整合之后的产物。美籍华人学者、哈佛大学教授杜维明以新加坡东亚哲学研究所为据点，开展儒学的国际研究，其研究的内容之一便是儒家伦理与工业东亚的现代化。

　　中国台湾学者廖庆洲的《日本企管的儒家精神》一书，论述了自明治维新后至当代的日本企业管理中的儒家思想影响。费景汉博士则认为亚洲"四小龙"发展迅速的原因是中国传统文化的影响。

　　儒学是中国传统文化的主流。如果说孔子是中国早期儒学即原典儒学的权威代表者的话，那么朱熹则是中国后期儒学即新儒学的集大成者。

　　在历史上，朱熹是南宋著名的哲学家，也是中国哲学史上影响最大的哲学家之一。他一生历经坎坷，但自强不息、矢志不渝，终开一代儒学新风。由此，朱熹的名字镌刻在中华民族的文明史上。

　　在当代，为了研讨儒学与经济发展的内在关联，朱熹又一次声誉鹊起。朱熹思想研讨会近年来在美国和东亚诸国多次召开；朱熹的著作，是日本高等学府中国科学生的必读书；朱熹的伦理说教，成为新加坡中小学生道德修养的规范。

　　朱熹成为誉满全球的人物。